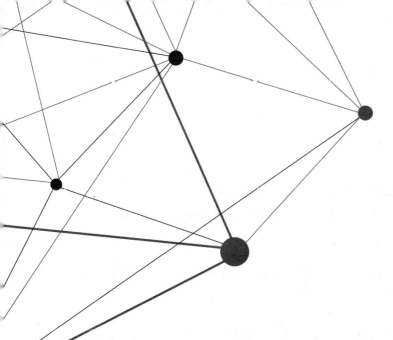

人力资源大数据应用实践

模型、技术、应用场景

王爱敏 王崇良 黄秋钧 ◎ 著

清华大学出版社
北京

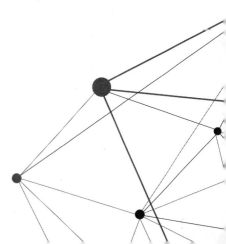

本书封面贴有清华大学出版社防伪标签，无标签者不得销售。

版权所有，侵权必究。举报：010-62782989，beiqinquan@tup.tsinghua.edu.cn。

图书在版编目(CIP)数据

人力资源大数据应用实践：模型、技术、应用场景 / 王爱敏，王崇良，黄秋钧著. — 北京：清华大学出版社，2017（2023.2 重印）
 ISBN 978-7-302-48463-9

Ⅰ.①人… Ⅱ.①王… ②王… ③黄… Ⅲ.①数据处理—应用—人力资源管理—研究 Ⅳ.①F243-39

中国版本图书馆 CIP 数据核字（2017）第 227158 号

责任编辑：贺　岩
封面设计：李召霞
版式设计：方加青
责任校对：宋玉莲
责任印制：沈　露

出版发行：清华大学出版社
网　　址：http://www.tup.com.cn，http://www.wqbook.com
地　　址：北京清华大学学研大厦 A 座　　邮　编：100084
社 总 机：010-83470000　　邮　购：010-62786544
投稿与读者服务：010-62776969，c-service@tup.tsinghua.edu.cn
质 量 反 馈：010-62772015，zhiliang@tup.tsinghua.edu.cn

印 装 者：三河市东方印刷有限公司
经　　销：全国新华书店
开　　本：170mm×240mm　　印　张：14.75　　字　数：249 千字
版　　次：2017 年 9 月第 1 版　　印　次：2023 年 2 月第 6 次印刷
定　　价：49.00 元

产品编号：076907-01

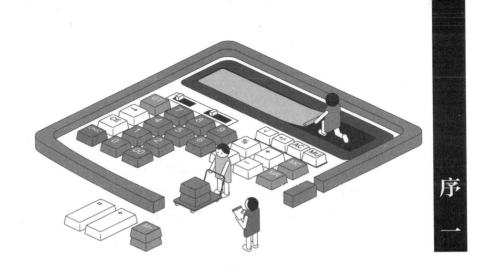

序一

爱敏送来一本排好清样的书稿，书名叫《人力资源大数据应用实践》，副标题更加动人，是"模型、技术、应用场景"，说是请我为之作序。显然这是一本非常应时的新著。当前，从中央领导到普通百姓都在讲大数据，如果将自己的专业深造与时代需求结合起来，不是一件大好事吗？于是，我愉快地答应了她的要求。

翻看目录，几个章节是相当吸引人的：人力资源大数据、大数据挖掘渠道及技术方法、人力资源大数据分析及应用场景、人力资源大数据平台建设、人力资源大数据应用案例。我相信，凡是对人力资源大数据有所了解，但又所知不深的读者定会被这些章节内容紧紧地吸引住，因为这正是他们渴求的知识啊！以往的大数据出版物不是没有涉及这些内容，而是太技术化、学术化，不够切合实用，现在终于有了这样一本专门针对人力资源专业的读本，岂不正合吾意？

初读一遍，感觉最好的是本书把一些难懂的问题解释清楚了。比如，国内三大 BAT 公司都有对人力资源大数据进行深入的实践，百度的大数据人力资源平台已经迭代到了 3.0，2014—2016 年为 eHR 3.0 Smart HR 时代。在业务转型和高速扩张的环境下，百度需要 HR 从组织资本和人力资本的角度协助业务决策，HR 工作重点开始提升至为业务产生价值——在此期间不断探索与实践，逐步建立起了人力资源大数据平台体系——"才报"系统。通过更具交互性的系统，利用大数据预测、控制和分析组织变革和人才发展。

还有业内知名度很高的猎聘公司，它是凭借什么风生水起、蒸蒸日上的？原来它的秘密武器就是掌握了"人力资源薪酬大数据"。传统的薪酬产品是通过邀请企业参与薪酬调查，用问卷、访谈形式获取信息，而后汇总生成的。猎聘的"薪酬数据库"则是通过"数据加咨询"的方法完成的。在调研模式上，它是运用大数据技术，对其300万用户的数据进行分析，通过获取活跃用户的数据分析而成；在数据广度上，它涵盖了3000万职业经理人的优质数据；在报告时效上，它与市场接轨，定期更新；在呈现方式上，它能够在网站上登录浏览，交互性很强。这就是为什么猎聘公司能够在众多人力资源服务机构中脱颖而出的原因。此外，猎聘在"数据颗粒度"上做得也很到位：它对互联网、金融、地产三大行业23个细分领域的薪酬状况均掌握在手；涵盖财务、人事、法务等通用职位及各行业特有职能序列；用户可以从地区、职能、工作年限、下属情况多个维度筛选对比岗位薪酬数据，因此颇获好评。有言道："得数据者得天下。"我们在猎聘公司上验证了这一条时代箴言。

本书还有一个特点，就是重视人力资源从业者的可操作需求。例如，人力资源大数据究竟包括哪些？书中专门给出了"人才管理指标体系"，包含团队总人数、正式员工人数、实习生人数、关键人才人数、人员齐备率、当前年和去年关键人才数、占比、离职率年度趋势、当年齐备率趋势、去年齐备率趋势、员工类型分布、员工学历分布、关键人才分布、员工年龄分布等。除此之外，还有人力资源运营管理指标体系、人力资源组织效能指标体系，均可供实际工作参考。如果你需要建立一个大数据分析团队，那么书中专门告诉你应该怎么办，要走多少步。作者还提醒说，组建数据分析团队，需要首先得到领导的支持。在这个前提下，明确三个不同层次的价值目标，一是要分析什么问题；二是选择什么样的专家；三是要使数据驱动成为一种文化。书中介绍的百度"才报"也颇有新意，能够让读者了解到百度之所以能干，是因为这家公司人力资源管理部门拥有别人没有的人才数据挖掘分析武器，它能够实时呈现当前组织与个人可能存在的问题，未来可能发生的情况，以及应该采取怎样的应对措施。

本书的第三个特点，是让人力资源工作者看到了未来。人力资源工作者的未来是怎样的？可以肯定地说，是人力资源加大数据。就是将我们目前从事的人力资源管理与开发转型升级，与大数据紧密结合起来，再往前走，就是整个人力资源领域的智能化。现在我们多数公司的人力管理还是线下的，使用的是冷数据，效率是低下的；将来必将是线上的，使用的是热数据，工作是高效的。书中讲道，数据科学家有一个强大而有效的武器，就是"爬虫技术"，又叫"网页蜘蛛"或"网络机器人"，它能够以系统化、可持续的方式从互联网上帮我们获取数据。最新的"网络爬虫"能够像传说中的神兽饕餮一般，张开大嘴把互联网上的所需数据鲸吞而下，为我所用，而且永不满足！这将是一幅怎样的令人激动的场景啊。人，必须具有想象力。

  书中，作者引用宋代诗人杨万里的两句诗："东风弄巧补残山，一夜吹添玉数竿。"引起了我的注意。诗是在讲山中新竹春日突起的。说是由于东风劲吹，使原本荒秃的山坡也增添了翠笋新绿。我想，像我这般年纪的老人，难道不也是这样吗？大数据时代的东风，让我们深切感受到了科技进步一日千里之岁月相催。如果不抓紧学习，真的就会落伍了。我不仅自己要以夸父追日的精神努力向学，还要积极支持年青一代勇于革新，勇敢向前冲。只有这样，才无愧于一生献身的人才事业，无愧于生逢其时的伟大时代！

王通讯

国务院突出贡献专家

中国人才学奠基人

国家人力资源和社会保障部中国人事科学研究院原院长

中国人才研究会副会长

北京华橙科技有限公司专家顾问

2017年7月13日　于海棠在望书斋

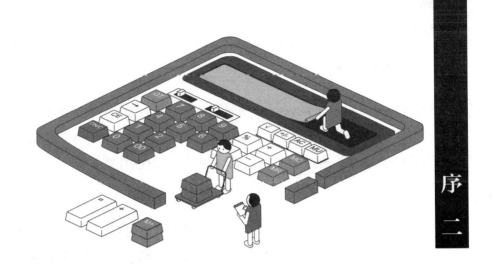

序二

时代的发展、技术的进步,必然带来企业管理理念、方法和工具的变革。今天,我们已经进入了"大智移云"的时代,创新已经成为了企业发展的重要手段,与其他的资本形态相比,人力资本已经越来越处于领先的地位。人才重于资金、融智先于融资,如何在竞争日益激烈的市场中持续建立自身的竞争优势,在企业内部打造一个相关各方利益和谐相处、平衡发展的生态系统,已经成为企业人力资源管理者面临的最大挑战。

移动互联网的发展使得人才数据呈现出爆发式增长,人力资源大数据不仅逐步成为完善的理论体系,也将促使人力资源大数据服务成为一个新的服务行业。相信在未来,基于人才市场的相关数据,基于行业发展的人才数据,基于企业组织效能的人才数据,基于人才自身和群体特征的数据,这些数据将通过行为轨迹记录、人才测评等方式记录下来,并将在企业的人力资源管理实践中发挥越来越关键的作用。

管理就是决策、决策依赖数据。对于企业人力资源管理者来说,无论是对过去的总结,对现在的诊断,还是对未来的预测和规划都离不开数据。所以,我们不仅要有专业思维和业务思维,还要有数据思维和创新思维。如何在烟波浩渺的海量数据中挖掘出有用的数据,如何将大数据、人工智能与企业人力资源管理实践有机结合,如何在企业内部建立人力资源大数据分析模型和分析平台,如何形成企业人力资源报表体系和指标体系,王爱敏教授及崇良、秋钧先生在他们的书中从科学到实践,从理念到案例,深入浅出地给出了详尽的答案。

大数据、人工智能与企业管理实践的结合正处于迅速发展和不断创新的过程中，学习和创新是企业人力资源管理者的必修课，相信作者的这本书会给读者带来启发和收获，让你迅速把握住时代的脉搏，赶上时代的步伐。

蒋北麒

北京双高国际人力资本集团总裁

王通讯人才工作室特聘专家

中国人力资源开发研究会常务理事

北京海外学人中心首席创业指导导师

2017 年 7 月 16 日

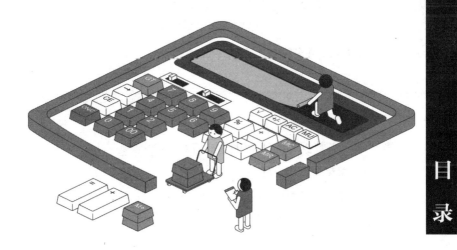

目录

第一章 人力资源大数据 / 1

第一节 人力资源管理战略转型 / 2
一、组织变革与HR四角色模型 / 2
二、从HR四角色模型到HR+三支柱 / 6
三、AI时代与人力资源管理 / 11
四、循证式人力资源管理变革 / 14
五、生态组织与人力资源管理 / 20

第二节 人力资源大数据特点及竞争优势 / 28
一、大数据是什么 / 28
二、大数据思维与决策 / 36
三、大数据分析与竞争优势 / 44
四、人力资源大数据及其典型应用 / 53
五、大数据与人才 / 60

第二章 大数据挖掘渠道及技术方法 / 63

第一节 大数据的取得与整理 / 64
一、数据收集 / 64
二、数据存储 / 66

三、数据计算 / 69

四、大数据与云计算 / 73

第二节　大数据与人工智能 / 74

一、人工智能简史 / 74

二、机器学习：AI 的瑞士军刀 / 79

三、探索与取舍：完美的算法在哪里 / 83

四、人工智能的未来 / 94

第三节　大数据分析技术与应用 / 102

一、数据挖掘 / 102

二、数据可视化 / 108

三、大数据应用的未来与优势 / 113

第三章　人力资源大数据分析及应用场景 / 117

第一节　人力资源大数据分析模型 / 118

一、人力资源大数据分析价值 / 118

二、人力资源大数据分析模型 / 123

三、人力资源大数据分析路径 / 126

四、人力资源大数据指标体系 / 133

五、人力资源大数据分析的组织环境 / 142

第二节　人力资源大数据应用场景 / 144

一、应用场景之——选（招聘场景） / 144

二、应用场景之——用（职业发展、敏捷绩效场景） / 147

三、应用场景之——育（培育场景） / 151

四、应用场景之——留（离职场景） / 152

五、应用场景小结 / 156

第四章　人力资源大数据平台建设 / 159

第一节　人力资源管理信息智能化发展 / 160

一、智能分析，对标决策 / 160

二、对接集成，系统一体化 / 161

三、基于人力资源信息系统的数据应用 / 163

四、人力资源信息化的建设及启示 / 169

第二节 人力资源大数据业务模型 / 171

第三节 人力资源大数据平台建设分析 / 172

一、系统层 / 173

二、数据层 / 173

三、分析层 / 174

四、展示层 / 175

五、实施步骤参考 / 176

第五章 人力资源大数据应用案例 / 177

第一节 百度的人力资源大数据平台 / 178

一、百度人力资源大数据发展阶段 / 178

二、"才报"支持的4个角色 / 180

三、"才报"系统的数据挖掘与分析 / 181

第二节 人才雷达在招聘服务中的应用 / 187

一、人才雷达社交体系 / 187

二、人才雷达成功关键 / 188

第三节 谷歌的大数据人才管理 / 190

一、谷歌用数据重新定义HR / 191

二、谷歌的10大员工管理模式 / 192

第四节 腾讯HR的大数据实践 / 195

一、HR的大数据功能 / 195

二、典型项目案例 / 197

三、腾讯HR大数据的启示 / 197

第五节 猎聘薪酬大数据实践 / 198

一、猎聘为什么要做薪酬数据库 / 198

二、为何说猎聘的薪酬数据库与众不同 / 199

三、如何保证薪酬数据的准确性 / 200

四、定制化薪酬调研又是什么 / 202

第六节 2号人事部的大数据应用实践 / 203

一、人力资源管理数据应用阶段 / 204

二、人力资源管理SaaS平台2号人事部实践 / 206

三、企业用工风险的警示和解决 / 209

第六章 AI在人力资源领域的应用趋势 / 211

参考文献 / 217

后　　记 / 221

第一章

人力资源大数据

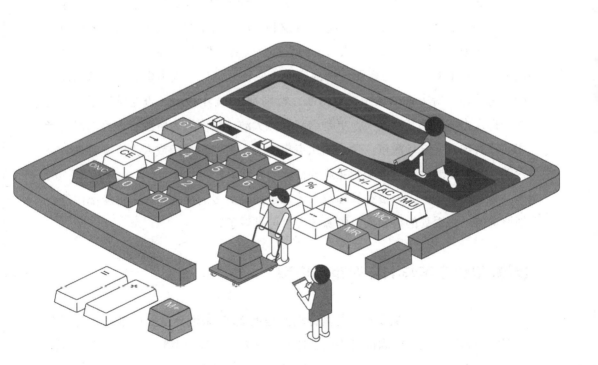

第一节 人力资源管理战略转型

我们目前所理解的人力资源的含义是由管理大师彼得·德鲁克于1954年在《管理实践》中首先提出并加以明确界定的。他认为人力资源拥有当前其他资源所没有的素质，即"协调能力、融合能力、判断力和想象力"；它是一种特殊的资源，必须通过有效的激励机制才能开发利用，并给企业带来可见的经济价值。

自从彼得·德鲁克提出"人力资源"概念以来，类似"炸掉人力资源部""我们为什么恨HR""人力资源管理部门应不应该取消""人力资源管理部门能不能创造价值"等方面的质疑一直未断。特别是2014年拉姆·查兰发表了《是时候分拆人力资源部了》一文，更是引起轩然大波。很多人力资源管理界的研究者和实践者加入了这场激辩。争论的焦点集中于人力资源部门或人力资源管理者是否能为企业创造价值、推动企业业务目标的实现。

数字经济下，人力资源管理及人才竞争面临更多的挑战，人力资源部门能否创造价值，是否真的要和人力资源部说"再见"了？

一、组织变革与HR四角色模型[①]

人力资源管理之父戴维·尤里奇教授是近20年来世界范围内推动人力资源管理转型和提升人力资源价值的执牛耳者。《人力资源转型》奠定了其人力资源管理大师地位。该书的面世，撬动了世界500强跨国公司，比如微软、思科、沃

[①] （美）戴维·尤里奇.人力资源转型——为组织创造价值和达成成果.李祖滨，孙晓平，译.北京：电子工业出版社.2015：1-18.

尔玛、飞利浦、西门子等企业纷纷按其建议对人力资源管理体系进行重新设计，并实现了商业价值的巨大攀升。在中国，以华为、联想、美的、万科为代表的一些知名企业也开始实践人力资源的重构和转型。

国内企业已经并正在印证着18年前戴维·尤里奇教授提出的六大挑战：全球化的挑战、持续竞争力的挑战、增长的挑战、变革的挑战、技术的挑战和人才的挑战。面对未来的竞争，HR在企业成功跨越这些挑战的过程中发挥着关键的作用，每个挑战都充分说明了HR的重要性。

1. 全球化的特征是什么？

全球化的竞争不仅仅是在国内市场开发产品，并运送到新市场，而是通过复杂的全球化网络运作，甚至包括以某地为技术中心覆盖全球，将产品、人员、信息在全球快速流动以满足当地需求。全球化趋势引发了新市场、新产品、新心态、新能力和对企业的新思考。要达到有效的全球化竞争，企业必须具备全球化思维，着力于培育全球市场竞争力。人力资源竞争力无疑是提升市场竞争力最直接有效的方式，因而，需要重新对全球团队进行组织设计，建立全球化的组织能力。全球各地的人才、创意和信息必须能无缝地流动和沟通，这样才能比较快速创造出更好的新产品和服务。建立全球共享心智中心，招募、培养和激励那些具备全球视角的员工。

2. HR的重心如何转移？

如何建立和运行客户响应能力是组织面对未来竞争的一个恒定不变的课题。创新、快速决策、成为行业的价格或价值领导者、有效连接供应商与分销商并为客户建立价值链是客户响应能力的特征。将HR的工作重心从原来的内部活动转向供应商与客户的价值链是组织面对未来竞争的必然。因为，员工的态度和客户的态度之间有高度相关性。长期以来，HR从业者及研究者习惯于强调组织内部的HR工作，很少关注建立和运行客户响应能力。现在，要求HR的工作重心由组织内部转向组织所处的价值链。比如，在基于价值链的员工奖励计划中，可以让供应商和客户成为组织经济价值的评估人和分配者。因而，所有HR工作必须依据客户标准重新严格定义。

3. 怎样提升盈利能力？

不能盈利的企业是不负责任的企业，必将很快消亡。盈利能力始终是企业重要的经营课题。企业盈利的途径主要是两个：一是降低成本；二是增加营收。过去10年，大多数企业都致力于降低成本来提升盈利能力，通过裁员、扁平化、整合、再造工程、质量管理等工作，利用最少的资源做更多的事情，通过提高效率、改进流程、降低成本等方式提升企业的盈利能力。

德怀特·格尔茨等人访谈了180位美国CEO，发现有94%的人致力于增加营收，而且至今仍把营收作为最主要的经营目标。增加营收和HR有关吗？首先看增加营收的几条途径。第一，充分利用客户资源创造营收增长，努力吸引现有客户多购买其产品。通用电气公司组成了"无边界销售团队"，这些团队成员来自于通用电气不同的经营单元，合作交叉销售通用电气的产品。善用客户资源增加营收必须建立流程、培训人员，以快速响应客户的需要，员工必须全心服务于客户。第二，增加营收的途径是发挥企业的核心能力，跨部门的产品团队需要确定他们的核心能力，将核心能力转化成新产品。这两个途径，无论哪个，都需要重新思考组织及HR工具，才能通过组织运营实现增长目标。追求利润增长的直线经理与HR人员必须找出设计和运行组织的新方案。

4. 如何定义组织能力？

组织能力是企业竞争力的DNA，是企业超越竞争对手的能力所在。组织能力包括硬能力，诸如开拓新市场的技术等；也包括软能力，如快速行动的能力等。对于软能力，有研究表明其体现在四个方面：一是建立组织信心的能力，让组织内外人员相信管理者言行一致，并维护他们的声誉；二是消除组织边界的能力，让信息与观点能够跨越组织层级边界、部门边界和外部边界，顺畅流动；三是培养组织变革的能力，以及促进组织持续创新的灵活性和敏捷度；四是持续学习和自我突破的能力。企业经营者有责任识别和培养这些能力以提高公司竞争力。[①]

HR必须首先框定出哪些组织是必备的能力，然后针对性地设计工作内容。

---

① （美）戴维·尤里奇.人力资源转型——为组织创造价值和达成成果.李祖滨，孙晓平，译.北京：电子工业出版社.2015：10.

5. 怎样利用信息与技术？

如今的技术创新速度日新月异。互联网、人工智能等为企业创造了全新的环境。直线经理和 HR 有责任重新定义工作，必须思考如何让技术成为工作中不可或缺的内容，让技术成为生产力。

6. 如何保障智力资本？

在持续变化、全球化、高度依赖技术的企业环境中，吸引、保留人才成为最主要的竞争之一。要保障组织智力资本，一是需要领导力提升与领导梯队建设，同时做到所有的想法和信息在公司内部分享。有一些大型公司正在尝试利用技术，比如互联网与大数据建立知识网络，让雇员能够快速获取并分享信息。最后，还需要改变企业的评价方法，传统的评价方法主要看重以利润为核心的经济资本，现在，需要增加对智力资本的评价。HR 人员未来的挑战之一是如何寻找并使用这类评价方法。

总之，当竞争被定义为"以独特方式为客户创造价值"时，企业必须找出新颖而独特的方式服务客户，而组织能力是关键。组织能力的提升首先应该培育组织能力的领导者，同时需要创造价值和达成成果的 HR。由此，戴维·尤里奇教授提出了人力资源管理的转型，HR 需要四种角色的转变（表 1-1）。

表 1-1　人力资源四角色模型[①]

角　色	成果/产出	比　喻	活　动
战略性人力资源管理	对战略的执行	战略合作伙伴（Strategic Partner）	使人力资源策略与业务战略保持一致；组织诊断
基础实务流程管理	建立起高效的基础实务流程	HR 效率专家（Administrative Expert）	组织流程再造；共享服务
员工贡献管理	提高员工的承诺与能力	员工支持者（Employee Champion）	倾听员工声音并向其反馈；为员工提供资源
转型与变革管理	创造一个崭新的组织	变革推动者（Change Agent）	管理转型与变革；确保变革的能力

---

① （美）戴维·尤里奇.人力资源转型——为组织创造价值和达成成果.李祖滨，孙晓平，译.北京：电子工业出版社.2015：23.

二、从 HR 四角色模型到 HR+ 三支柱[①]

最近的畅销书籍《HR+ 三支柱——人力资源管理转型升级与实践创新》,由腾讯公司人力资源平台部总经理马海刚先生、中国人民大学彭剑锋教授及西楠博士撰写,是首部系统性梳理 HR 三支柱模型的西方探索与中国实践的著作,深度解读了腾讯、华为、阿里巴巴对 HR 三支柱模式的创新。书中提道,HR 三支柱模型是 IBM 基于人力资源管理大师戴维·尤里奇的思想,结合自身的人力资源转型实践提出的。以三支柱为支撑的人力资源体系源于公司战略,服务于公司业务,其核心理念是通过组织能力再造,让 HR 更好地为组织创造价值。

该研究结合前沿的理论观点,以及华为、腾讯、阿里巴巴等中国企业在 HR 三支柱方面的转型升级与实践创新,对 HR 三支柱模型进行了视角扩展、平台支撑、厘清对象、文化融合等方面的升级,提出了中国企业的 HR 三支柱模型(图 1-1)。

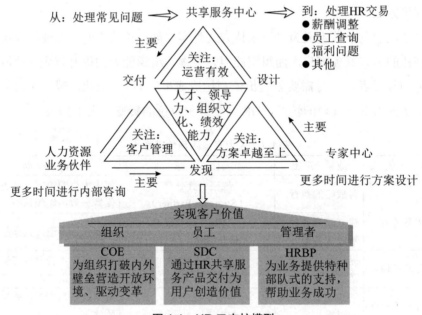

图 1-1　HR 三支柱模型

注:图中 COE 为专家中心(Center of Expertise)的英文缩写;SDC 为共享交付中心(Shared Deliver Center)的英文缩写;HRBP 为人力资源业务伙伴(HR Business Partner)的英文缩写。

---

① 马海刚,彭剑锋,西楠.HR+ 三支柱——人力资源管理转型升级与实践创新.北京:中国人民大学出版社.2017:1-3.

图中共享交付思想来自华为端到端的深度影响,产品经理思维是腾讯成功的精髓,也是人力资源管理新元素。

延伸阅读 人力资源创造新价值的新趋势

人力资源管理之父戴维·尤里奇教授应肯耐珂萨邀请,在上海进行了为期一天的人力资源领域最新研究成果的主题演讲,深入浅出地分享了人力资源创造新价值的三大趋势。①

趋势之一:由外而内即人力资源的价值不再是HR做了什么,而是从利益相关者视角看HR创造了什么价值(图1-2)。

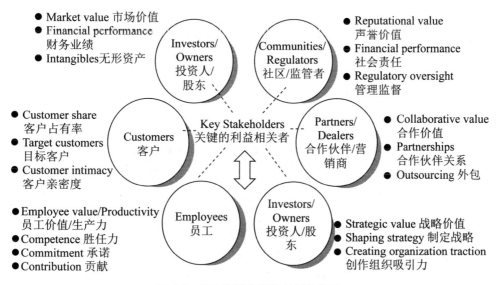

图 1-2 HR 为利益相关者创造价值

趋势之二:HR最重要的功能将定位于产出人才、提升领导力以及提升组织文化(图1-3)。

---

① (美)戴维·尤里奇. 与HR之父戴维·尤里奇的零距离互动〔应肯耐珂萨邀请于2016年11月16日在上海演讲(HRoot)〕.http://www.hroot.com/contents/61323427.html.

图 1-3　HR 创造什么价值

趋势之三：HR转型将从HR从业者个人、HR职能团队两个层面展开（图1-4）。

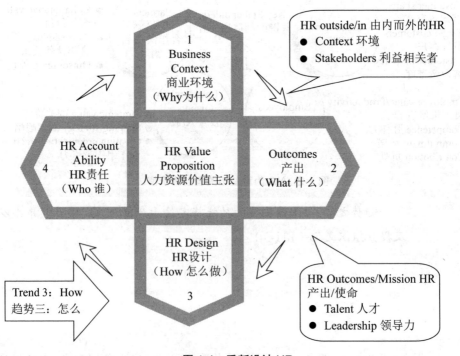

图 1-4　重新设计 HR

HR的胜任力模型

戴维·尤里奇提出，在VUCA[不稳定（Volatile）、不确定（Uncertain）、复杂（Complex）、模糊（Ambiguous）]时代，对人力资源胜任力提出了更高的要求，重构了人力资源个人胜任力模型，即战略定位者、文化和变革倡导者、合规管控者、人力资本管理者、数据的设计者和解读者、薪酬福利大管家、可信赖的行动派、技术和媒体的整合者（图1-5）。

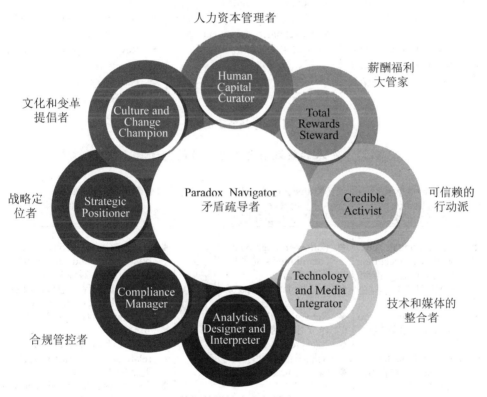

图1-5　戴维·尤里奇HR胜任力模型

戴维·尤里奇教授通过对"HR如何才能参与组织决策"相关调研结果的分析，发现战略定位者、可信赖的行动派、矛盾疏导者三项胜任力与之相关度最高。并就这三项胜任力释义、培养路径做了说明：

第一，利益相关者的价值来自于战略定位者（图1-6）。

Competency Definition 胜任力的定义	Knowledge & skills needed 需要的知识和能力	Development Opportunities 发展机会
◆ Turning business knowledge into a set of actions 将商业知识转化为一系列行为 ◆ Interpret the global business context 解读全球商业环境 ◆ Decoding customer expectations 解码客户期望 ◆ Understanding internal business operations 了解内部业务运营情况	◆ Strategic thinking 战略思维 ◆ Business context 商业环境 ◆ Current events 时事 ◆ Industry trends 行业趋势 ◆ Competitor trends 竞争者趋势 ◆ Stakeholder assessment 利益相关者评估（客户、投资人、竞争者、监管者）	◆ See industry and business trends 领会行业和商业趋势 ◆ Spend time with externals 关注外部关系（客户、投资者、社区） ◆ Join earnings calls 参加财报会议 ◆ Attend customer events 参加客户活动 ◆ Review competitor's annual reports 评估竞争者的年报 ◆ Participate in social media 参与社会媒体

图 1-6　战略定位者

第二，个人的效果来自于可信赖的行动派（图1-7）。

Competency Definition 胜任力的定义	Knowledge & skills needed 需要的知识和能力	Development Opportunities 发展机会
◆ Help individuals see how they connect their work to strategy 帮助员工找到其工作与公司战略的相关性 ◆ Influence and relate to others 影响和连接他人 ◆ Improve through self-awareness 通过自我意识来进步	◆ Follow-through on all commitments 兑现所有的承诺 ◆ Build relationships of trust 建立信任管理 ◆ Network with others 建立社交网络 ◆ Take proactive positions 采取积极主动的方式 ◆ Communicate effectively 有效沟通	◆ Take positions on business, organization and people and defend them 对业务、组织、员工负责，保护他们的权益 ◆ Join and lead professional associations 加入并领导专业协会 ◆ Work to build personal relationships of trust 努力建立互信的人际关系 ◆ Seek ways to learn and improve oneself 寻找学习和自我提高的途径 ◆ Submit presentations to conferences 在会议上积极发言

图 1-7　可信赖的行动派

第三，商业来自于矛盾疏导者（图1-8）。

Competency Definition 胜任力的定义	Knowledge & skills needed 需要的知识和能力	Development Opportunities 发展机会
◆ See alternative sides of an issue 不同角度看问题 ◆ Be able to move from convergence to divergence and back again 兼顾统一与分歧 ◆ Navigate tensions so that organization adapts to opportunities 缓解紧张关系，使组织积极抓住机遇	◆ See different sides of an issue 不同角度看问题 ◆ Able to disagree without being disagreeable 能平和地表达反对的观点 ◆ Willing to point of options to get debate, but create closure to get focus 有发起讨论的意识，也有结束争论并统一意见的能力	◆ Learn to manage conflict and tension without making it personal 学会管理冲突和紧张关系，不把问题私人化 ◆ Increase divergent thinking by spending time with those not like you 结识与你想法不同的人，增强发散性思维 ◆ Increase convergent thinking by facilitating groups to consensus 通过促成群体达成共识增强求同思维

图 1-8　矛盾疏导者

三、AI 时代与人力资源管理

人类当前正处在全球产业深度变革的关键阶段。第一次工业革命是动力革命，以蒸汽机的广泛使用为代表，以英国为主导，人类进入蒸汽时代；第二次工业革命是能源革命，以电力的广泛使用为代表，以美国为主导，人类进入电气时代；第三次工业革命（或者说第一次信息革命），是计算革命，以计算机的广泛应用为代表，美国主导，人类进入半导体信息时代。目前，当云计算、大数据、智能终端和网络这四种力量集聚在一起，新的产业革命已能看到雏形，第四次工业革命（也就是第二次信息革命）正在酝酿。

1. AI 时代的思维方式

在第四次工业革命背景下，数字经济影响力在多方面显现。数字经济对生活、工作、经济、社会发展的贡献正在越来越大，据麦肯锡全球研究院（McKinsey Global Institute）的测算，中国数字经济占 GDP 的比重已超过美国、法国和德国。2013 年，中国的 GDP 指数升至 4.4%，已经达到全球领先国家的水平。另据波士顿咨询公司发布的报告《迈向2035：4亿数字经济就业的未来》中预测，2035年中国整体数字经济规模将接近16万亿美元，数字经济渗透率48%，总就业容量达4.15亿。[①] 以互联网、云计算、大数据、物联网、人工智能等为代表的数字技术，将使组织迅速实现数字化转型。

人工智能（Artificial Intelligence，AI）是一种技术，能够通过学习提出自己的结论来模仿人类行为，表现为可以理解复杂内容，参与和人类的自然对话，提升人类认知表现（也叫做认知计算），或者代替人来执行非例行的工作任务。

"当未来已来，而你又不是未来的一部分的时候，会发生什么？"百度创始人、董事长兼首席执行官李彦宏认为，人工智能时代已经到来，要适应这个时代，我们的思维方式就需要做一些转换。因此，李彦宏提出了五点AI时代必不可少的新思维。第一，首先要承认：手机还会长期存在，但是移动互联网的机会已经不多了。新的时代带来的是新的机会，一些常规的做法已经不能跟上时代的步伐了。第二，就是要从Think Mobile转变为Think AI，从Mobile First变成AI First。第三，AI时代一个很典型的特点是软硬结合。要更多地去关注软件和硬件的结合处能够有哪些创新。第四，就是数据秒杀一切算法，但是真正推动这个社会进步的还是算法，还是技术。第五，如果重新用AI的方式来做互联网产品，就实现了降维攻击。[②]

2. AI重新定义HR

数字技术正在打破传统的商业模式、业务流程和人才管理，在从根本上改变组织运作的方式，使组织迅速数字化。此种情况下，数字化组织需要数字化的HR，包括设计思维、行为经济学、社交网络、移动应用、人力分析及云技术，以改善员工体验，树立雇主品牌，提高员工为公司带来的价值。人力分析正在成为组织的新常态，数据驱动HR呈现快速发展趋势。人力分析成为HR专业人士的核心技能，公司正在积极想办法来捕获员工数据，并将其与业绩相关联，以帮助他们充分认识并最大限度为企业带来价值。2017年，高影响力人力分析研究、人力分析功能的开发方式、支持人力分析的工具和技术、劳动力投资回报率成为

[①] 波士顿咨询. 迈向2035：4亿数字经济就业的未来. 商学院. 2017.2.

[②] 李彦宏. AI时代的思维方式. http://news.hiapk.com/internet/s5924faba6f76.html.

高频率研究话题。

埃森哲大中华区管理咨询主管，人才与组织董事总经理黄雪明提出，未来十年，AI 将大举进军商界。过去，新技术主要对蓝领和服务类岗位产生颠覆性影响；但如今，人工智能将影响到企业人才管理的各个层级——从首席高管到一线管理者。[1] 首先，AI 将终结行政管理，管理者一半的时间都花在了协调和管控上，诸如时间安排、资源分配及报告等部分工作未来会交由智能机器完成。目前已经有一些领先的新闻机构和华尔街金融机构开始利用人工智能报告器，比如美联社在人工智能软件机器人的协助下，将季度收益报告的发放范围从 300 家企业扩大到近 3000 家，极大节约了记者的时间，可以把更多的精力集中于调查研究和深入报道。其次，人工智能已经渗透到专业的人力资源领域，可以通过人类情感和个性特点进行评估并采取相应行动。例如，招聘网站 Jobalinc 利用智能语音分析算法，来评估求职者。该算法会对求职者讲话的副语进行分析，如语气、语调的抑扬顿挫等，预测某种特定语音所反映的个人情绪，并据此确定该求职者可能胜任的工作类型。人工智能可以承担并加速日常工作，并提供强大的分析支持，新一代的管理者的职责将发生变化，管理者需要掌握新的技能。

人工智能，作为管理者，接受还是拒绝？可能不同层级、不同年龄、不同环境下的管理者的态度会有不同。但不管怎样，首先，毕竟 AI 时代已经到来，数字经济下的数字组织需要 HR 先要适应 AI 技术，并参与到指导智能机器的工作中去。有调查显示，管理者对人工智能的信任度，取决于他对人工智能系统运作方式的了解程度。最终，管理者会发现，人工智能有利于扩展（而非遏制）人类潜力——并因此更愿意接纳该技术。其次，人工智能承担的基本是常规性工作，辅助管理者的决策，诸如数据解读、理念发展、决策过程等判断性和决策性的工作将成为管理者的重心。最后，人工智能是不能完全代替管理者工作的，还因管理者的判断力和决策力是"群体智力"，涉及人际关系和组织行为，尤其在更为复杂的环境中，判断力和决策力通常是个人和团队不同观点、洞见及经验之间激荡、融合的结果，它需要的是社会关系网络、员工发展与指导、团队协作等技能，针对企业亟须解决的问题制定解决方案。因而，战略发展、数字能力、创造性思维、创造力和试验、数据分析与解释、社交能力等将是未来需要的新技能。

---

[1] 黄雪明.埃森哲：人工智能将重新定义人才管理.http://www.sohu.com/a/128690839_390227.

四、循证式人力资源管理变革

人力资源管理对于组织战略目标的实现和竞争优势的获得所具有的战略作用已经得到了充分认识。组织内各级领导者和管理者在人力资源管理方面投入的时间、精力、资金等逐渐增多。组织期望自己的人力资源管理政策和实践能够吸引、招募、激励、保留住合适的员工。但是,随着人力资源管理的投入不断增加,企业产生了一些困惑:人力资源管理政策、管理活动及资金投入是否产生了合理的回报?是否达到了预期效果?这就需要对组织的人力资源管理活动进行科学研究和论证,以可靠的事实和数据验证人力资源管理的有效性。这就需要循证式人力资源管理。

1. 什么是"循证"——源于循证医学

"循证"来源于循证医学。医学是一门十分古老的学科。20世纪70年代,英国的内科医师科克伦(Archie Cochrane)在流行病学研究中提出"循证"的思路。科克伦循证探索的路径是根据特定的疾病及其诊疗方法,将所有的相关对照实验资料联系起来进行综合分析,并随着新的临床试验不断更新,以便得出更为可靠的结论。其理论的核心是不要囿于以往的经验,也不要迷信书上的教条,而要根据临床证据,广泛采集证据进行系统分析,以提高医疗效果。80年代,牛津大学的流行病学家戴维·萨基特(David Sackett)成为循证医学的真正创立者,他把循证医学定义为"慎重、准确和明智地应用所能获得的最好研究证据来确定患者治疗措施"。

当然,传统医学并非不重视证据,更不是反对寻找证据。实际上传统医学十分强调临床实践的重要性,强调在实践中善于寻找证据,善于分析证据和善于根据这些证据解决临床实际问题。但传统医学强调的证据和循证医学所依据的证据并非一回事。在传统医学的模式下医疗活动本质上就是一种经验加实验的活动,所以,没有不重视证据的医生。医师详细询问病史、系统作体检,进行各种实验室检查,力求从中找到有用的证据——阳性发现;医师试验性地应用治疗药物,观察病情的变化,药物的各种反应,从而获取评价治疗方法是否有效,是否可行的证据。这种看病方法确实是有效的,然而也是有局限性的。

2. 人力资源管理需要"循证"吗?

首选思考几个问题:你是否做出正确的决策?还是只会抄袭别家公司看起来

可行的策略？或根据自己深信不移的观念来采取行动？你是否一再重复旧有的做法，却不曾认真思索这些做法背后有什么样的事实证据和逻辑？"最佳组织拥有最佳人才""金钱性的奖励制度驱动着企业绩效"……这些都是大家耳熟能详的格言，它们也驱动着企业的每日活动，太多企业的经营理念就建立在这些有瑕疵的"最佳实务做法"上，而它们所提供的却都是一些肤浅的、不堪一击的、"万灵丹式"的错误资讯。如果领导人根据这些可疑的资讯或情报来做决策，他们无异于将自己的组织摆设在悬崖峭壁的危险边缘。

作为 HR，是否经常思考以下问题？

事情的原因？事情的结果？

我们的人力资源管理活动究竟在多大程度上是有效的？

我们在人力资源管理方面的支出与其他竞争者相比处于何种水平？

我们应当如何通过改进人力资源管理实践来提高整个公司的运营效率？

实际上，在实践中，不少人力资源管理者仍旧习惯于依靠直觉、经验或是模仿所谓"最佳实践"来进行决策，而忽视了对科学证据的利用。大数据时代的来临，让人力资本用数量的方式来进行投资分析和管理成为可能。但未来的挑战不是数据缺乏，而是如何有效地选取和利用数据。

3. 什么是循证式人力资源管理

循证式变革代表了一种新的人力资源管理决策思维模式和方法。循证指做事要基于证据，而不是模糊的设想或感觉。循证式人力资源管理指运用数据、事实、分析方法、科学手段、有针对性的评价及准确的案例研究，为人力资源管理方面的建议、决策、实践以及结论提供支持（图1-9）。

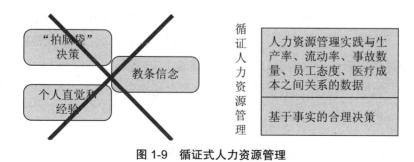

图 1-9　循证式人力资源管理

循证式人力资源管理区别于传统人力资源管理（表1-2），它是指"运用数据、事实、分析方法、科学手段、有针对性的评价及准确的案例研究,来对人力资源管理方面的建议、决策、实践以及结论提供支持。简而言之,循证式人力资源管理就是审慎地将最佳证据运用到人力资源管理实践的过程"。从本质上说,循证式人力资源管理是用可获得的最佳证据来代替个人经验和盲目的模仿,摈弃"拍脑袋决策"的直觉式思维,使人力资源决策牢固建立在实实在在的证据之上。

表1-2 传统人力资源管理与循证式人力资源管理的区别

传统人力资源管理	循证式人力资源管理
很少有确凿证据证明人力资源管理的附加价值	例行提供人力资源价值的证据
人力资源数据和分析并没有推动实际行动	人力资源数据和分析引发具有战略意义的行动
人力资源部门在人力资源管理中不经常利用循证分析进行变革	人力资源管理部门经常要去并使用循证分析,引导组织的战略变革
人力资源的作用在于评价各部门的运行过程和结果	人力资源的作用在于提供如何获得战略成功的独到见解

人力资源管理的循证式变革产生"数据决策力",即基于数据进行科学决策并产生价值的能力。在某种意义上说,能否提高自身循证决策的能力,决定着人力资源管理的前景。这里所说的证据(Evidence),可以源自科学研究,也可以源自诸如结构化面试等管理行为中的个案讨论,但最主要的是能有定性和定量的数据,有明确的逻辑框架做支撑。

4. 循证式人力资源管理的路径

(1)获取、使用最佳研究证据。经过同行评议或同行审查的质量最好的实证研究结果;区分哪些证据可用,以及如何使用。

(2)了解实际情况,掌握事实数据。将人力资源判断和决策建立在对事实尽可能全面和准确把握的基础上;可能同时涉及软性因素和硬性因素。

(3)专业人员科学思考、判断。有助于减少偏差,提高决策质量;借助一些经过论证和实际使用效果很好的决策框架或决策路径。

(4)考虑对利益相关者的影响。必须考虑伦理道德因素,权衡对利益相关者可能产生的长期和短期影响。

5. 循证式变革是人力资源管理的未来趋势

循证式变革并不是简单的"用数据说话"。而是在综合逻辑、战略意识和变革管理的背景下了解循证式变革如何成为未来人力资源管理的主导模式。循证式变革的模式拓展了数据收集和分析的范畴。利用循证式变革的五大原则可以推动组织在数据收集和分析方面上一个新台阶，进而确保人力资源管理能为组织变革提供切实有效的战略影响。一旦循证式变革应用于人力资源管理，由此产生的变革将对组织的影响更加深远、更具有可持续性。作为人力资源管理未来趋势的循证式变革遵循以下五个原则。[①]

第一个原则，逻辑驱动的分析模式（图 1-10）。

一直以来，人力资源管理部门无法证明自己的价值，这限制了人力资源部门对组织内部关键决策者的影响力，使其他人无法正确看待人才对组织战略成功的重要作用。目前，不再是数据缺乏，而是信息爆炸。员工离职率、薪资成本、人才结构、能力储备、员工满意度等数据较易获取。人力资源管理面临的不是数据缺乏，而是如何有效利用数据，并服务于组织发展。

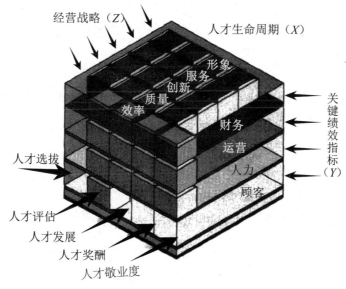

图 1-10　逻辑驱动的分析模式

对于 HR 来说，逻辑驱动分析模式的关键不是单纯拥有数据或简单分析数据，而是要有一套基本逻辑引导完成数据分析。逻辑是引导分析推理的框架和背景。比如，员工流失是典型的人力资源指标，员工流失分析大有学问。如果人力资源

---

① 约翰•布德鲁，瑞文•杰苏萨桑. 变革创造价值——人力资源循证式管理. 陈丽芳，译. 北京：中国电力出版社 .2012.

部门计算员工流失的成本，只能说企业开始重视这个问题。但是，如果人力资源部门确定相关的逻辑分析框架，界定什么是有利的人员离职，什么是不利的人员离职，探讨如何根据业务需要权衡人员离职的成本和收益，这种情况下，人力资源部门才是有价值的，因为这一逻辑框架使人员流失从简单的数字转化成了能够引导组织进行正确组织变革的证据。

逻辑分析的第二个方面是对影响最大、最紧急的问题进行分析。盘点当前人力资源状况，发现存在的问题，找到对应的数据进行分析。同时，需要建立合理的沟通机制，向组织内非人力资源部门管理者正确传达信息，促其采取正确行动，而不要用统计分析玩人力资源语言的数字游戏，要明确沟通对象，有独到见解。

表 1-3 为人才生命周期各阶段分析框架。

表 1-3 人才生命周期各阶段分析框架[①]

	人才选拔	人才评估	人才发展	人才激励	人才保留
	衡量、数据分析和规划				
优化	新员工入职安排完善程度对单位面积销售额的影响	绩效管理完善程度对单位面积销售额的影响	职业发展体系完善程度对单位面积销售额的影响	薪酬竞争力对单位面积销售额的影响	通过安排弹性工作制提升员工敬业度对单位面积销售额的影响
预测（预测分析法）	减低新员工首年流失率对单位面积销售额的影响	高绩效员工比例增长率对单位面积销售额的影响	增加单店经理数量对客户和销售额的影响	增加薪酬对任职成本回报率的预计影响	提升员工敬业度对单位面积销售额的影响
关联（交叉分析法）	新员工敬业度和客户满意度的相关性；门店经理首年流失率和所在门店销售额的关联性	管理幅度和单位面积销售额的相关性	加入员工发展计划的人数比例和员工满意度的相关性	人工成本汇报率和单店销售额的相关性；薪酬竞争力和销售额的相关性	店长敬业度和单位面积销售额的相关性
描述和对标（对标分析法）	新员工敬业度；门店经理首年流失率；招聘成本；招聘成功率	绩效分布；高绩效员工产生的收入；管理幅度—单位面积销售额比率	员工人数；单位面积销售额/员工人数；参加人才发展计划的员工比例；单位面积销售额/经理人数	人工成本回报率；人均培训费用；店长工资占人工成本比率；薪酬竞争力	员工敬业度；店长流失率；销售人员缺勤率；高绩效员工自愿离职率；一线经理内部晋升率

① （美）约翰·布德鲁，瑞文·杰苏萨桑.变革创造价值——人力资源循证式管理.陈丽芳，译.北京：中国电力出版社．2012.

逻辑分析的第三个方面是使用逻辑分析进行正确决策。我们会为组织提供各种报告，比如员工流失、员工态度、技能水平等，通过这些数据分析形成报告，以支撑各项业务活动。我们发现在某个部门，某类员工离职率比较高，或者在某些财务指标不达标的部门内，员工态度不符合该部门全国范围内的对标水平。我们制定这些数据指标，不是为了有趣，而是辅助决策。循证式人力资源管理的逻辑分析框架用途是确定哪些数据、哪些方法对于解决组织当前面临的问题最为重要。这就要求人力资源分析师必须擅长分析战略和商业问题，理解如何把人力资源和这些问题联系起来。HR需要具备理解商业逻辑的能力，认清和利用何种数据能提升决策能力、能对企业的运营效果产生更为积极的影响。

举例来说，假设根据商业逻辑分析，将产品卖给现有的顾客群体比开发新的客户更有意义。根据这个思维，人力资源数据分析的首要目标是反映企业决策者的目标。HR提供的数据只显示员工积极性提高与销售额增加之间的关系还不够，关键要说明员工的积极性与现有顾客群体的销售额之间的关系。HR就需要思考以下问题：

什么样的员工态度能够提高对现有顾客的销售额？

哪些人力资源项目可以提升员工的这种态度？

这些相关数据和分析就会有说服力，对于关键的决策很重要。

因而，遵循这一商业逻辑，HR需要做好以下工作：

数据统计。保证员工的所有数据都有据可查，整理好，并能随时查阅。

职能的数据统计。从描述性的数据中进行推断，通过预测趋势和部门对标得出一些见解。

洞察。理解这些现象、数据和部门差异背后的原因。

影响。利用分析的结果来实现有价值的切实变化。比如，人力资源可以对全部数据进行个性化说明，从而引起CEO的注意，表现优秀的UI（Uscr Interface）设计总监之所以离开，是因为他们在原来的岗位上提升的空间不大。

循证式变革的第二个原则是指通过明确在员工和潜在员工之间的本质区别，确定实施人才战略分类的标准。一是需求层面，根据组织对员工的需求和期望；二是供应层面，按照组织吸引、激励员工的措施开展；三是确定特征和差异，确定不同员工群体的特征和差异，能让组织有的放矢地设计、制定人才管理战略。

其他三个原则分别是合理利用风险、整合和协同增效、优化人力资源管理和投资。

五、生态组织与人力资源管理

中国人民大学彭剑锋教授指出，没有成功企业，只有时代企业，企业只有适应时代要求，不断自我变革与创新，才能基业长青。而企业最难、最深层次的变革是组织与人的变革。组织是人的连接与集合，人是主角，组织始终围绕人来定义能力与价值，围绕人与组织关系的重构来提升组织效率与价值创造活力。因此，在质变与不确定的时代，我们需要敏锐感知影响组织与人变革的因素，洞见组织变革的趋势，创新组织与人的定义与思维，使组织有前途，工作有效率，人才有活力。[①] 通过对实践案例的研究，及对生态组织特征的感知，认为组织的变革有十大趋势。

（1）组织的结构从金字塔式、科层组织到扁平化、网络化组织。

（2）企业的生产组织方式从集中化、规模化、标准化转向平台化下的分布式、微化、创客化组织方式。

（3）组织边界被打破，组织的破界与跨界将成为一种组织变革时尚。

（4）组织的合作与协同从部门化到团队化，从中央协同到平行分布协同。

（5）组织的驱动机制从来自上级威权指令式驱动转向愿景与数据驱动。

传统组织的内在驱动机制主要是权力驱动、威权指令式驱动，现在叫愿景与大数据驱动。组织要激发人才价值，创造活力，驱动员工创造价值，不再依靠简单的指令、单一严格的制度约束和标准化的行为规范来驱动员工，而是通过文化价值观管理，依靠人才对组织使命与愿景的认同，使千军万马朝着一个共同的目标而奋斗。通过唤醒人才自我开发与自我管理意识，激发员工价值创造潜能，使人才从要我干转向我要干，我们一起干。同时，用户数据将成为企业核心资产，用户数据流向决定产品与业务流向，并成为决策与业务运行的依据，得数据者得天下！企业不再是简单按照威权的命令式指挥员工去做什么、怎么做，而是为员工确定好未来的发展愿景，让人才凝聚在共同愿景之下，力出一孔，同时利用大数据驱动企业决策和业务的运行。从这个角度来讲，未来组织的驱动机制叫做愿景驱动和大数据驱动。

（6）组织的管控监督机制从刚性管控走向柔性引导。

[①] 彭剑锋. 生态组织的10大特征与人力资源管理的10大思维. 华夏基石e洞察，2016.

（7）组织的特征从静态到动态，从封闭到开放。

（8）组织沟通与氛围从面对面沟通到网络化沟通。

（9）组织对环境的适应性将从被动走向主动，从竞争到共生共赢。

（10）组织与人的关系重构，从人是工具到人是目的。

未来，组织的边界打破主要围绕四个主题进行：一是围绕用户打破组织内外边界，形成重构客户价值的产业生态圈，价值不仅来源于企业内部价值链的活动，而且来自企业与产业边界之外的客户、合作伙伴等所构成的生态圈，只有产业生态才能为用户造像，才能让用户有极致的体验；二是围绕员工打破领导与被领导的边界，人人都是CEO，都是创客；三是围绕组织扁平化与网络化，打破科层边界，不断细分业绩单元，不断将经营责任落实到个人和小团队，推倒决策墙，汇报关系多元化，项目任务蜂窝化；四是围绕组织氛围，打破沟通边界，实现零距离、无边界的即时沟通。

延伸阅读

阿里巴巴的生态组织

阿里巴巴集团人力资源副总裁常扬提道，阿里巴巴要做生态环境。①

我们说阿里巴巴要做生态环境，因此，阿里巴巴必须朝更生态化的组织形态转变。所谓更生态化的组织形态，就是自上而下的管理会减少，而横向之间的主动连接会更多，基于兴趣、靠任务结合起来的项目和自组织的业务会越来越多，这跟原来金字塔结构的组织形态大不一样。

要做成生态化的组织形态，需要有哪些条件？

1. 信息和数据

这群人一定要比老板拥有更多的信息和数据才能做成事儿，如果信息不能平等化、透明化，是形成不了自组织的。所以，阿里有云盘，可以在上面搜索各种信息。

做得最好的是阿里内外，这是一个类似微博的系统。比如，点开我的名字，别人就可以看到我的简历，看到我可以进哪些业务系统，我掌握哪些资源，我原来做过什么事情，我的KPI是什么，别人

---

① 常扬，李传涛.什么是生态化的组织形态.创业家.2013年09期.

给我做的项目的反馈是什么。如果我是一个产品经理,还能看到我做过的产品的客服量,信息会越来越透明。现在,阿里大多数周报也不再通过邮件发送,就是在阿里内外发布,然后@你一下,你就能收到。我们也建了很多群,可以在群里分享信息,这些数据今天不一定有用,但是有一天也许会用到。所以,数据与搜索是两个特别重要的东西。

2. 组织管理的流程

项目制的组织里,流程要可配置,而且是插件式的。要做一个项目,从流程包里面找些流程,插一下、配一下,就变成这个项目可以遵循的流程。

3. 价值观

越是这种项目制、自组织的管理方式,大家所遵循的目标应该越接近。所以,阿里的价值观非常重要,它保证了自组织状态下,大家朝着一个状态去做。客户第一永远是我们的目标,但是组织里的人越来越多,你怎么能保证大家追求的目标一致?就要靠价值观。

4. 如何奖励

原来的奖励方法是自上而下,老板定奖励金额,但是在自组织里,老板并不完全了解你的表现,所以我们开发了一个模块叫阿里互评。比如,我们正在开会,你可以用手机上互评,给我一个"赞",或者给我一个"不喜欢"。等到年底做绩效的时候,就算老板天天看不到你,也知道你的工作状况。在自组织的状态里,最重要的就是怎么获取足够的信息,把信息积累下来,去做奖励与惩罚。因此,信息、流程、奖励和文化价值观,是阿里未来做生态系统特别重要的四点。

阿里巴巴是从一个非常确定的世界走向一个网状、不确定的世界。外部看,去年我们在淘宝开过一个三天的会,开会前淘宝的CEO三丰(姜鹏)说,我特别想开过三天会后,能知道淘宝三年之后在干什么?开完会后,我问三丰时,三丰说,现在我只知道:我不知道淘宝三年之后在干什么。内部看,阿里正从原来的金字塔结构变成一个更生态型的组织。未来,我们不知道还是否需要现在所谓的关键领导岗位，起码从现在看还是需要的。但由于组织越来越靠横向连接，去年战略部的曾鸣教授说，所谓的中层管理者（M1、M2）会很快消失。从经理管理专业人员到专业人员去带项目，这是一个我们非常相信，而且正在发生的事情。

传统自上而下的组织形式，它的特点是控制、命令，管理工具是做计划、预算。今后会慢慢变成靠激发、鼓励、指明方向、自下而上这种方式，从所谓的整合资源变为资源聚合。

资源聚合方面，阿里哪个部门如果缺人，我们很少搞集团统一调配，你有本事自己去说服别人愿意跟你干，这叫聚合资源。就像一个个风火轮，你的能力足够大，你就会吸引更多的能力、资源，这是一种市场的力量，也是一种生态系统的力量。资源会被什么吸引？你做的项目是不是有意义、别人对这件事会不会感兴趣，而不是行政命令。

延伸阅读：生态组织是"雨林"，而不是"农场"[①]

农场和雨林的区别：一个长庄稼，一个长野草，因而，生态组织是"雨林"，而不是"农场"。

发源于工业革命的商业模式可以从多个方面被刻画成"农业"模型，这种模型专注于控制复杂系统，利用最新工具来细致地调整准确度、精密度与生产率。控制程度越高，产出就会越高。公司会因为生产的高效率而得到回报，这一点非常像农民为了提高土地亩产量而采用最好的肥料、农药与耕种方法。你可以在脑海中想象一下纺织工人们在一排排纺织机前的工作画面，或者是汽车工厂的装配线，装配线运转得越快，你就可以赚更多的钱。产品质量越可靠，就会有更多的客户来不停购买产品。

本质上，雨林发挥作用的原因不在于原始的碳、氮、氢、氧原子的单一存在，它能够繁荣兴旺的原因主要在于把这些元素融合在一起从而创造出全新且不可预料的动植物群。雨林是一个具有独特

[①] 维克多·W.黄，格雷格·霍洛维茨.硅谷生态圈——创新的雨林法则.诸葛越，许斌，林翔，志鹏，王霞，译.北京：机械工业出版社.2015.

品质的环境,空气、土壤中的营养素、温度都有可能催生出新的动植物物种,远远大于这些元素的总和。雨林把无生命的无机物创造成为欣欣向荣的有机物系统。

1. 雨林——设计与构造出适当的环境来激发创造力

自然界的雨林不会预先决定有价值的新物种的进化过程,但是会提供恰当的环境来培育偶然发现的进化过程。在雨林中,最有前途的生命形态以一种不可预测的方式出现在非常富饶的环境中。当我们想起创新系统,不应该只是推动单一创新的存在,而是应该设计与构造出适当的环境来激发创新的产生与繁荣。

2. 商业模式=农业模型

在人类创造和追求商业价值的方式中,"农业"模型已经根深蒂固。让我们想想现实中的商人是如何操作的,在"农业"模型中,地里的野草往往会被拔掉,如果地里种的是玉米,那么所有的蒲公英都会被铲除。通常,那些不按照事先确定的详细规范来组装汽车的古怪雇员都会被解雇。然而,在雨林中,一棵像野草的植株极有可能是整个生态环境中最有价值的新植物。

像谷歌与脸谱网这样的公司,很多年以前,它们与野草无异!那些古怪的人实际上是创新系统中的规则改变者。在雨林中,我们就是要鼓励野草生长。

热带雨林公理:作物在农场中极大丰收之时,乃野草在热带雨林最佳萌芽之际。

3. 雨林的本质

什么是雨林?在生物学中,一个自然的生态系统是由一个群落的生物体相互作用及与环境的作用所构成的。雨林则是人类的生态系统,人的创造力、商业智慧、科学发现、投资资金以及其他元素以某种特别的方式结合在一起,培养萌发出新想法,并茁壮成长为可持续发展的企业(图1-11)。

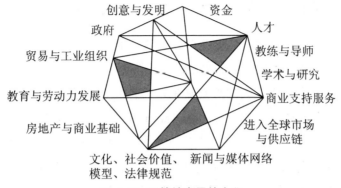

图 1-11 可持续发展的企业

海尔集团首席执行官张瑞敏在沃顿商学院全球论坛发表演讲，以海尔自身的转型试错为样本，探讨互联网时代的商业模式创新。他指出，所谓成功的企业，是因为踏准了时代的节拍，但是不可能永远踏准时代的节拍，因为我们是人，不是神。企业就像冲浪者，今天冲上这个浪尖，并不能保证明天还在浪尖上。①

未来已来，科技带来的变化正以无法察觉的脚步向我们步步紧逼。大数据、人工智能、移动社交等"黑科技"正在影响着人们的日常生活，商业环境也在随之发生巨大变革。正如互联网公司强调的"敏捷开发，快速迭代"，在今天风云多变的市场环境下，"快"显得尤为重要，传统、臃肿的科层式组织在沟通效率、决策效率上受到巨大挑战，企业需要如何重构组织设计，以激发人体力量，适应变化，培育创新？

大数据与人工智能快速发展，AlphaGo 已经战胜了人类。未来，科技会将我们的生活带向何方？技术与人性的边界又在哪里？在人力资源领域，我们切实看到近几年来，科技带来的变革。比如人工智能用于招聘、培训等环节中，将 HR 从耗时耗力的基础工作中解脱出来。透过一系列员工行为大数据分析，预测员工的离职倾向与满意度，让 HR 更有效地使用干预措施，为组织减少损失。技术还在进步，应用仍在拓展，科技已经是推动人力资源管理变革的关键。

正如马克思所说："一种科学只有成功地运用数学的时候，才能达到真正完善的地步。"AI 时代下，大数据将会给战略转型中的人力资源管理带来什么样的变革？国内以三大 BAT 公司为首的企业正在尝试着在人才的"选、育、用、留"方面以大数据技术提升组织效率。

---

① 张瑞敏.没有成功的企业只有时代的企业.21CN 财经.http://finance.21cn.com/newsdoc/zx/a/2014/0619/09/27494808.shtml.

> **延伸阅读**
>
> ### 一张图了解人力资源转型调研结果[①]
>
> 数字化时代,领先的组织是如何利用信息技术促进人力资源管理的转型与发展,并创造业务价值的?
>
> 这一次,我们用数据说话。怡安翰威特此前就上述话题在亚太地区展开了"HR Transformation Survey"(人力资源转型调研),得到了广泛参与——最终,参与调研企业768家,代表员工数650万,营业收入总计75000亿美元。参与调研人群中,其中45%是CHRO。本次调研主要有以下几大发现:
>
> 1.人力资源服务的重要性取得共识,但仍需后发之力。
>
>
>
>
>
> 提升HR在职人员的胜任力　　整合人力管理流程　　利用科技以更好支撑人才管理
>
> **图 1-12　人力资源服务的重要性**
>
> 2.人力资源的重要性凸显,但能力有待提升
>
>
>
> 63%的受访者
> 汇报给全球总部HR
> 说明有较强的资源部署能力
>
>
>
> 人事专员
> ◁ HR Generalist ▷
> 在众多的HR角色中
> 人事专员(HR Generalist)职责相对不明晰
> HR在职人员的能力需要提升
> 93%的企业计划
> 在接下来一到两年里提升HR的能力
>
> **图 1-13　人力资源的重要性凸显,能力有待提升**

[①] 怡安翰威特微信公众号. 一张图了解人力资源转型调研结果. 2017-06-29.

3. 三支柱模型中三角色能力缺口

表 1-4　HR 三支柱模型中三角色能力缺口

专家领域（COE）				
战略性思维 50%	管理/促进变革 50%	开发创造性解决方案 38%	影响领导层 38%	业务敏锐度 30%
共享服务中心（SSC）				
事务管理 40%	技术应用能力 34%	分析导向 30%	促进变革 22%	创建信任关系 21%
人力资源业务合作伙伴（HRBP）				
与业务联动 65%	促进变革 48%	战略思维 48%	业务敏锐度 41%	影响领导层 43%

4. 人力资源运营模式趋于成熟，但仍在转型中

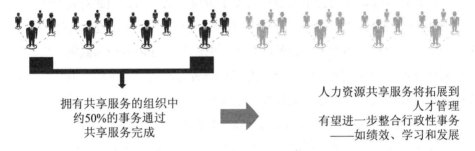

图 1-14　转型中的人力资源运营模式

5. 人力资源技术期望过高，但交付滞后

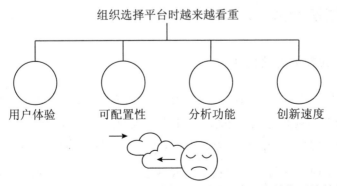

云产品在市场上的期望过高，但评分不高，是销售误导所致

图 1-15　组织选择平台时看重的功能

6. 2019年将迎来HR转型的引爆点

CHRO认为届时将会实现100%的员工经理自助服务；100%的HR流程移动化；50%的视频化学习；70%的人才决策由伙伴驱动；50%的绩效管理由AI驱动；80%的员工反馈能够进行实时收集和汇报。

第二节 人力资源大数据特点及竞争优势

美国谷歌与脸谱公司使用大数据改变了游戏规则。当它们面对较少用户时，储存对它们有用的数据，不是一件困难的事。但是当面对超过10亿的好友，1万亿的网页搜索，就不得不创建新的技术，来储存、分析激增的数据。它们是想通过数据分析，来找到客户的需求，提高其产品的销量。万事总有领军者。其他公司见状，起而效仿，于是，大数据风生水起。

2012年被认为是大数据元年，如今已经是进入大数据时代的第5个年头。回望这5年的历史，不由得感叹大数据不仅影响了我们生活的方方面面，而且重塑着人类认识世界和理解世界的方式。

一、大数据是什么

1. 起源：大数据的前世今生

在五六年前，大数据的概念刚刚被提出来的时候，很少有人意识的到这一波新的科技浪潮将奏响新时代的序章。5年来，大数据的发展和创新迅如雷霆，大数据的应用如水银泻地般的影响着各个产业。大数据科技的发展速度超越了前面任何一次科技革命，因为这一切发生得太迅速，很多人会感觉到大数据似乎是一夜之间从天而降。正如杨万里在《新竹》中描写的一样："东风弄巧补残山，一夜吹添玉数竿。"春天的新竹看似一夜长成，其实在破土而出之前有着长时间的酝酿与积累才有后来的厚积薄发，大数据也是如此。

要弄清楚大数据的来龙去脉，必先了解 IT 行业的发展史。要谈 IT 行业发展史，就不能不说摩尔定律。戈登·摩尔（Gordon Moore）在 1965 年提出了摩尔定律：在价格不变的条件下，每隔 18～24 个月，集成电路可容纳的元件数量可增加 1 倍，即集成电路的性能增加 1 倍，因此计算机的性能也将增加 1 倍。摩尔定律揭示了 IT 行业发展的速度：计算机的性能相对于时间呈指数增长。直到今天摩尔定律所描述的规律仍然相当准确。对大众来说最直观的感受就是我们的计算机体积越来越小了，但是计算能力却越来越强大。20 世纪 90 年代，计算机在中国逐渐开始普及，其间经历了从台式机到笔记本电脑再到智能手机的过程。在台式机的时代我们很难想象有一天我们能够把计算机放进衣服口袋，如今计算机不仅能够小到装进口袋，而且还能和手表甚至眼镜融为一体（其实计算机还可以变得更小，只是更小的显示装置就不方便人类使用了），更重要的是今天的智能手机不仅仅是体积变小了，而且性能也已经远远超过了当年的台式机。

计算机性能的增加带来的是数据分析、处理、存储和传播速度的加快；与此同时，计算机产品的价格在不断下降，使越来越多的人能够使用计算机，计算机使用者数量的增加引发了数据量的不断增加。简单来说，更强的计算能力意味着更快的数据处理能力；更便宜的计算机带来的是更快的数据生成速度，因此摩尔定律本质上阐明了数据处理能力和数据产生速度同步增长的必然性。

摩尔定律从本质上说明了随着时间的推移，计算机的计算能力作为一种资源成本将越来越低，与此同时，计算需求变得越来越大，直到达到当时计算能力的上限。这样的一个正反馈回路推动了从系统软件到应用软件，再到互联网，然后到移动互联的每一次飞跃。互联网特别是移动互联普及之后，数据的产生呈爆发式的增长，实现了由量变到质变的飞跃，最终大数据时代到来了。

2. 应对：新时代的大禹治水

数据量的爆发也带来了数据存储、数据传输和数据分析等方面的问题，IT 行业有句话对此进行描述：Computers have promised us a fountain of wisdom but delieved a flood of data.（计算机承诺带给我们智慧的清泉，但事实上送来的是数据的洪流。）

在 2012 年，每天产生的数据就已经达到 2.5Exabytes。当前我们个人电脑的硬盘容量通常在 Gigabyte 和 Terabyte 之间，如果把这些电脑的硬盘容量都算作

1 Terabyte。2.5Exabytes 的数据会装满 250 万台电脑的硬盘。而且数据产生的速度还在不断加快，大约每两年数据量都会翻番。由此看来，把大数据时代的数据量比喻成洪流甚至是海洋毫不为过。

1024 Bytes = 1 Kilobyte

1024 Kilobytes = 1 Megabyte

1024 Megabytes = 1 Gigabyte

1024 Gigabytes = 1Terabyte

1024 Terabytes = 1 Petabyte

1024 Petabytes = 1 Exabyte

1024 Exabytes = 1 Zettabyte

1024 Zettabytes = 1 Yottabyte

1024 Yottabytes = 1 Brontobyte

1024 Brontobytes = 1 Geopbyte

在大数据时代的今天，我们每人每天、每时每刻都被数据所包围，新闻、社交媒体、移动应用等让人应接不暇。每个人的生活已经因此产生了深刻的变化。如何面对这样的数据洪流，不同的人有不同的态度。有的人拥抱、有的人激动、有的人质疑、有的人排斥，可谓众生百态。

大禹治水的故事或许可以给我们以启迪。据《山海经》和《史记》等记载，尧在位时中原地区洪水泛滥，无边无际，于是任命了鲧去治理水患。鲧采用封堵的策略来治理水患。鲧治水失败由他的儿子禹继续治理水患。禹采用了疏导的策略，而且一共历时了 13 年时间，其间三过家门而不入，最终取得了成功。在大数据时代，我们应该学习和借鉴大禹治水的精神和方法来面对数据洪流。通过研究和发现大数据的规律和逻辑来为人类造福。

3. 意义：淘尽黄沙始见金

从大数据诞生以来，随着人们对大数据的认识不断的加深，大数据的内涵和外延一直在发生着变化。IBM 对大数据特征的 4V 描述被业界广泛认同。如今这一理论已经发展成为 5V，分别是 Volume、Velocity、Variety、Veracity、Value。

Volume（大量）：用来描述大数据的数据量巨大，这是大数据区别于传统数据的首要特征。世界上现有的 90% 的数据是在过去两年中产生的。大数据的大首先是数据规模的大。

Velocity（高速）：用来描述大数据的数据产生和传播的高速，而且这个速度还在不断加快。

Variety（多样）：大数据包括多样化的数据格式与形态。大部分的数据是非结构化的，包括：文本、音频和视频等格式，而且还不断地有新的数据格式产生。

Veractiy（精确性）：对数据质量进行描述，大数据所包含数据的数据质量通常参差不齐，为数据分析的精确性造成了困难，很多传统的数据处理方法已经不再有效。

Value（价值）：对大数据进行科学的数据挖掘分析可以发现其中包含的深度价值。

前四个V（Volume，Velocity，Variety，Veracity）描述的是大数据的客观属性，而最后一个V（Value）是我们利用大数据的目的和意义所在。我们可以看到大数据的前四个属性和其变化的趋势都在为我们从大数据中获得价值增加难度：在浩如烟海和形态多样的数据中获得价值的确是困难重重，因此利用和研究大数据需要科学的方法和工具。

从大数据中发现价值就如同炼金术一样，是一个除去杂质并且层层提纯的过程，这个过程通常被称为知识发现KDD（Knowledge Discovery in Databases）。具体来说，这一过程的产物从数据到信息，再到知识，最后到达智慧。数据信息知识智慧是一个金字塔结构。这一结构被称为DIKW（Data-Information-Knowleddge-Wisdom），由Jeniffer Rowly在2007年提出（图1-16）。

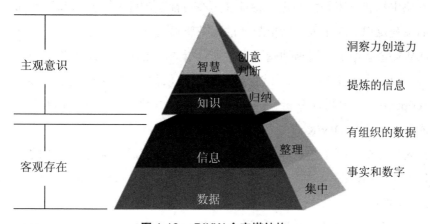

图1-16　DIKW金字塔结构

金字塔的底座最大，这一层是数据。数据（Data）在拉丁文中的原意是事实和已知。数据是一种原始的记录，没有经过加工和解释，反映了事物的客观状态，数据之间是分散和孤立的，没有建立相互的联系。这些数据就包括我们朋友圈的数据、公共交通的数据、网上电商的数据等（表1-5）。

表1-5　商品销售数据

商品ID	商品名称	数量	价格	销售时间	顾客ID	交易ID
6754432	牛奶	1	9.98	2016-05-01 14:32:00	26545	1561334

这条数据就是一条普通的销售记录，内容包括了商品ID、商品名称、商品数量、价格和销售时间等。如果是在拥有销售软件系统的超市，或者是在网上的电商，每当一个交易完成的时候，类似于图中的一条交易数据就会被记录在数据库中。这样的数据，每时每刻都在以巨大的体量产生。

对数据进行系统组织、整理和分析之后得到信息，信息具有明确的目的性和使用性，能够回答"谁"（Who）、"什么"（What）、"地点"（Where）和"时间"（When）等问题。信息是数据上面一层，来源于数据并高于数据，信息把特定的孤立的数据联系了起来，数据和信息都是客观存在。

数据和信息上面是知识层。知识体现了信息的本质、原则和经验，能够积极地指导任务的执行与管理，进行决策和解决问题。从数据到信息再到知识的过程，是一个数据不断变得有序、不断得到验证，并最终揭示所存在的固有规律的过程。

智慧是金字塔的最高一层。智慧是基于知识的基础上，形成的对事物的深刻认识和远见，体现为一种卓越的判断力，并由此采取策略和行动。智慧是人类区别于其他生物和人工智能的重要特征（至少目前是如此）。知识和智慧都包含了智能的主观意识。对于人工智能后面的章节将做更加详细的介绍。

DIWK金字塔结构清晰地阐明了数据分析的结果，或者说是产出（Output），如果从分析的功能和目的来划分，现有大数据数据分析包括描述性分析（Descriptive）、预测性分析（Predictive）和处方性分析（Prescriptive），这三个层次的分析是与DIWK过程相对应的。

描述性分析包括了数据和信息层，是对客观事实进行描述，分析的结果要能够回答"谁"（Who）、"什么"（What）、"地点"（Where）和"时间"（When）这一层面的问题。

预测性分析主要是在知识层面。预测性分析运用统计、建模和数据挖掘等技巧，通过分析现有和历史数据来发现规律并对未来进行预测。分析结果要能回答"如何"（How）或者"为什么"（Why）层面的问题。

处方性分析是在智慧层面，通过描述性分析和预测性分析积累的经验来提供建议和问题的解决方案。处方性能够提供决策选项，整个分析过程需要考虑和涉及问题的背景、商业规则、计算机建模和算法等。

这一数据分析流程被广泛地应用在商业智能（Business Intelligence）和决策支持系统（Decision Support System）中。

至此，读者对于大数据应该有了一个直观的认识。大数据其实是一种现象，但是这一现象背后有着深刻的内涵。接下来，我们将抽丝剥茧透过现象去发掘背后的本质。

4. 本质：洞察[1]

"大数据"顾名思义就是"规模海量的数据"。其实这是似是而非的认知。大数据具有数量巨大、构成复杂、变化迅速、价值内隐的特征。学习与掌握它，能够通过多维度、多层次的数据，以及历时态的关联数据，找到问题症结，直抵事实真相，从而使其利用者达到智慧化的境界。从哲学高度看，大数据是数据由量变达到质变的结果。徐子沛《大数据》里是这么界定数据的，数据是对客观世界的测量和记录。传统的数据是测量，比如测量气温把它变成数据。今天的数据爆炸不是测量数据的爆炸，是记录世界的爆炸。所有可以电子化的东西都可叫做数据，所有的事情都在数据化，数据的外部性使阿里巴巴变成一家金融公司。数据不在于大，而在于多源。数据之所以有用，是因为数据的作用能够超出其最初收集者的目的。

（1）洞察工作重点。众所周知，任何大城市都有不少井盖。有自来水、煤气、污水地下管线等8大类20种之多。美国纽约市就有大量的井盖，但是作为管理部门，现在，每天只要打开50个井盖就可以保证城市平安运行了。为什么？原来他们对每个井盖都安装了感应器，实时汇聚各方信息，掌握了重要信息情报。通过自动筛选，就可以掌握工作中的重点所在。

（2）洞察未来趋势。2008年，谷歌的一支研发团队利用网上收集来的个人

---

[1] 王通讯.天安门大数据思维与决策

搜索词汇的海量数据，赶在流行病专家之前两个星期，提前预测到甲型H1N1流感即将爆发。因为他们掌握了大数据，所以，这样难办的事情谷歌就做到了，而且比专业机构还要提前，还要准确。如果要知道一个城市的堵车高峰，可以通过早晨的用水高峰与傍晚的用电高峰而推算出来。

（3）洞察客户需求。现在的电子商务非常火爆。他们掌握了大量商品订单，而且知道好的生产厂家是谁。由于数据在握，所以主动在握。很多生产厂家都要恭维着电商。长此以往，会形成"反客为主"之势。电商将会变成最牛的生产公司。

（4）洞察员工表现。国外高科技企业要员工做"工作日志"，就是把你一天的工作用计算机记录下来。例如，你是几点上班下班的，你在计算机旁学习了几个小时？你的学习进度如何？你问了教练几个问题？这些数据都可以记录下来，形成你的"勤奋镜像"（水晶玻璃球）；再加上你最近与客户联系过多少次，客户对你的反映如何等。这不仅能够知道员工的真实表现，而且可以提前干预，避免绩效下降。

（5）洞察客户诚信。众所周知，银行利润的一个重要来源就是贷款。但是，贷款有风险，最大的风险就是届时还不回来。因此，中央一再要求要帮助中小企业解决贷款困难，实际上谁都知道为什么总解决不了这个问题。问题就卡在银行无法知道哪家企业到底经营状况如何。连报表都真假难辨。现在，有的银行开始与大数据联合，与电商联手。通过第三方电商获取的大数据，提升了贷款准确性，避免了赔本风险。例如建行的"亦商亦融"。

（6）洞察合适人选。利用大数据找人，已经有成熟方法。各行各业都可以做到。现在国外已经开始通过大数据挑选电视剧本的合适演员。整个过程有观众、影视粉丝参与，而且可以预测票房价值。

5. 特点：相关性、混杂性、大

（1）不重因果性，重视相关性。大数据有一个重要特点，就是"不讲为什么，重视关联性"。如果发现了某种关联性。就可以加以利用。凭借自有的卫星信息系统进行商品管理的沃尔玛公司，发现在它们的卖场里，凡是购买婴儿尿布的顾客，很多都要买上几罐啤酒。这是为什么？不知道。但是，掌握了这种关联性的卖场经理，就可以告诉上架员，要把灌装啤酒与婴儿尿布摆放在一起。这么做，果然提升了这两种商品的销售量。再比如，凡购买救灾用具的人，一般都要购买蛋挞等食品，这是可以想到的。

（2）不求精确化，容忍混杂性。世界上结构化的、适用于传统数据库的数据，大约只占5%，95%的数据是非结构化的。因此，要利用大数据就要容忍其复杂性，包括格式的不一致性等。虽然我们得到的信息那么精确，但是数量庞大的信息使我们放弃严格精确的选择变得更为划算。大数据通常是靠概率说话的。所以，为了掌握发展趋势，应该学会对精确性做一些让步。

（3）不搞随机抽样，要全部数据。社会科学研究常用"抽样调查"方法。它曾经被认为是社会文明得以建立的牢固基石，直到现在也在经常使用。其实，它只是在技术受到限制的特定条件下，解决特定问题的一种无奈方法。

现在，已经可以收集到过去无法收集到的大量信息，所以"样本就等于全部"。而且这样做，比使用抽样调查方法得出的结论要准确的多。在大数据时代，还搞抽样调查，就好像生在汽车时代，却非要骑马赶路一样。

6. 大数据不是简单的 BI 升级[①]

BI（Business Intelligence）即商务智能，它是一套完整的解决方案，用来将企业中现有的数据进行有效的整合，快速准确地提供报表并提出决策依据，帮助企业做出明智的业务经营决策。

大数据（Big Data）是指在可承受的时间范围内用常规软件工具进行捕捉、管理和处理的数据集合，是需要新处理模式才能具有更强的决策力、洞察发现力和流程优化能力来适应海量、高增长率和多样化的信息资产。

不管定义如何不同，大数据与传统 BI 是社会发展到不同阶段的产物，大数据对于传统 BI，既有继承，也有发展。从"道"的角度讲，BI 与大数据区别在于前者更倾向于决策，对事实描述更多是基于群体共性，帮助决策者掌握宏观统计趋势，适合经营运营指标支撑类问题。大数据则内涵更广，倾向于刻画个体，更多的在于个性化的决策。

大数据应用场景是企业特别需要想清楚的地方，传统 BI 失败，一定程度讲，是技术推动业务导致的倒挂现象所致，也是高估传统 BI 利用数据的能力所致，比如大量领域用传统 BI 产生不了生产力。大数据也面临这个重大问题，但

---

① 傅一平. 大数据为什么不是简单的 BI 升级. http://www.36dsj.com/archives/59858.

应该看到，随着大数据概念的普及，应用领域的大幅延伸，企业的管理和业务人员对于数据的认识有了很大的转变，数据化的思维开始深入人心，对于大数据来说，是一个新的机会。当前大数据领域最火的地方是颠覆 BI，打造大数据技术引擎。很多企业纷纷在建设自己的大数据平台，不外乎解决以下问题，比如用 Hadoop、流处理等技术解决海量的结构化、非结构化数据的 ETL 问题，用 Hadoop、MPP 等技术计算海量数据的计算问题，用 redis、HBASE 等方式解决高效读的问题，用 Impala 等技术实现在线分析等问题。

二、大数据思维与决策

大数据时代，一切相连。人人相连，物物相连，人物相连，实虚相连，虚虚相连。大数据最早的传播者徐子沛说，阿里巴巴的"钉钉"把短信、微信、电话融会贯通到一起，界面与微信很相似。发一条短信给朋友，"钉钉"会记录朋友是看了还是没看。他看了之后，没有采取行动怎么办？就可以"钉"他一下：把这条短信以电话形式打到他手机上，接通电话，信息以语言形式播放出来，确保他听到。这就叫"钉"，而且是免费的。

1. 什么是大数据思维

大数据思维属于信息化思维的一个新阶段，就是具有大数据特征的思维。具体而言，它包含了以下三个重要特征。

（1）定量性。认为一切均可测，故能描述；

（2）相关性。认为一切皆可连，故能预测；

（3）实验性。认为一切皆可试，故能开拓。

在大数据时代，我们的思维与决策都应该摆脱工业化阶段的某些特征，而跃升到一个更高境界。

2. 大数据思维的命名

《世界上最伟大的 50 种思维方法》中讲到的思维方法包括：[①]

[①] 龙柒. 世界上最伟大的 50 种思维方法. 北京：金城出版社. 2011.

逻辑思维、发散思维、收敛思维、系统思维、立体思维、极限思维、超前思维、形象思维、横向思维、反向思维；

加法思维、减法思维、换位思维、移植思维、分解思维、质疑思维、换轨思维、超脱思维、动态思维；

光明思维、黑暗思维、底线思维、糊涂思维、积极思维、简单思维、灵感思维；左脑思维、右脑思维、囚徒思维、上帝思维；

哥伦布思维、奥卡姆思维、司马光思维、拿破仑思维、亚历山大思维、爱迪生思维；裁缝思维、木匠思维。

相比较而言，大数据思维是以上林林总总思维所不能包含的一种新的思维形态。故，值得特别关注。

3. 对大数据思维的解读

大数据思维从以经典力学为背景走向以量子力学为背景。经典力学时代强调的是宏观世界、低速、线性、低链接；量子力学时代强调的是微观世界、高速、非线性、强链接。互联网与大数据时代，出现了许多分散\混沌\不确定\粒子化现象。

大数据思维是要求人们跟上时代变化的最现代的思维方式。思维方式是指人的大脑活动的内在特点，包括方式、方法、程序、角度等。思维方式对人的行为方式会产生直接的影响。思维方式、行为方式的产生受到环境与时代条件的影响与制约，它们一旦形成之后又会反过来对环境与时代产生影响。舍恩伯格说："所谓大数据思维，是指一种意识，认为公开的数据一旦处理得当，就能为千百万人急需解决的问题提供答案。"由此可知，大数据思维又是一种能够帮助人们寻找答案的思维。

大数据思维的对立面是工业化思维。工业化思维是指工业化阶段产生的与当时生产方式相适应的思维方式。例如，强调标准化、规模化、规范化等。工业化思维，较之于农业社会的一般思维方式无疑是一种历史的进步。但是，当我们国家走进信息社会之后，又显得跟不上形势。实际上，我国当前情况比较复杂，既有信息社会又有工业社会，还有农业社会。所以总的看，处在一种混合状态之下。对于广大农村来讲，要适应工业化思维、大数据思维才能前进；对于城市，特别是大城市来讲，必须适应信息社会的思维，例如，互联网思维、大数据思维，才能不断发展自己。在我们论述大数据思维的时候，是重在强调"不能用工业思维阻碍企业与产业创新"。

4. 大数据思维的特点和创新

（1）强调"一切皆可量化"

在管理学上有一个说法，叫作"没有测量就没有管理"。此言极对。可以试想，如果不能把目标变为指标，再把指标转化为数据，任何企业管理者都难以把管理落到实处。也就不能达到管理应该达到的目的。

大数据思维强调对东西和事物的量化，是达到管理目的的利器。我国工业化的过程，就是精细化的过程，就是量化的过程。这是历史发展的必然。信息社会与工业社会相比，量化的对象大大增加了，颗粒度更加细微了。

今天，文字、图像、声音、视频、电影都可以数据化。我们周围的一切乃至我们自己都可以用数据描述。有个新词非常正确、非常到位，叫"数据化生存"。

（2）强调"数据也是生产要素"

在我们以往的职业生涯中，一般人都知道数据比较神秘。也就是说，不少数据是只有领导才能掌握的，不能公开。至于它的用途何在，就是填表时候用的。

走进大数据时代，应该认识到，大数据是一种生产要素，将它公布于社会能够创造出新的生产力；将它应用于企业生产管理系统之后，可以创造价值，进一步提高企业生产与服务效益。将它应用于更为广泛的社会管理领域，可以创造出巨大的社会效益与经济效益。

比如，大型超市如果在购物车上安装感应器，就可以跟踪客户的行进路线，发现客户在不同货架前面的停留时间，以及拿下思考、实际购买了什么物品。根据长期积累的数据，就可以改进超市商品摆放位置，以获得更大的销售量。同理，可以告诉生产企业，应该进行哪些改进。

美国脸谱公司 2014 年通过大数据分析之后发布精准广告，每天利润达 822 万美元，它的员工是 8000 名。中国石油公司 2014 年每天利润 4585 万美元，它的员工是 150 万名。可以看出，中国石油利用 188 倍的员工，产出了比脸谱多 5 倍的盈利。[①]

---

① 段云峰，秦晓飞.大数据的互联网思维.北京：电子工业出版社．2015.

（3）强调数据的完整性

大数据要分析的是全部数据，而不是部分数据。因为现在人们已经能够有能力和办法，把全部数据收集、储存起来，进行有目的的分析处理。过去搞社会科学研究，往往采用抽样调查法，就是选择样本进行分析，其实那是没办法的办法。现在人们已经可以做到"样本就是全部"。更为重要的是，这样做可以获得更加准确的结论。

一位统计学专家说，以往统计局汇总的粮食产量总是不准，为什么？它是依靠各地自行上报的。目的不同，上报的数据各异。现在利用卫星覆盖，就能够由计算模型得知某种粮食作物的种植面积与产量。这是利用了大数据原理统计计算的结果。

（4）强调数据的复杂性

小数据强调数据的精确性，大数据则强调数据的复杂性。客观世界是复杂的，只有承认客观事物的复杂性才能认清和把握这个世界。这样也更有利于了解事物的真相，避免因忽略了某些信息而造成认知与决策的失误。

什么叫大数据？从多个源头的数据去互相印证一个事实，这就是大。数据收集者会根据自己的利益去收集数据，上报数据，从而造成统计数据不实。但是，今天，阿里巴巴的平台上会显示哪个地区的尿布销售增长情况，这就可得知二胎到底是在哪里出生。如果再加上奶粉、婴儿用品销售数据，形成"立体数据"，那判断就更加准确了。这种数据的复杂性，有利于呈现客观上的真实性。

（5）强调事物的相关性

世界万物的一个基本特点就是相互之间存在着某种联系，也就是相关性。但是，人们往往重视它们之间的因果性，对相关性忽视了。比如，用逻辑推理，就可以找到事物之间的因果关系：因为掉了一颗铁钉，所以战马突失前蹄；因为马失前蹄，所以士兵倒地；因为士兵倒地，所以战争失败。

但是，对有些事物之间的相关性，人们就不大容易理解了。大数据强调，不要等我们了解了事物的原因，才去重视它，而要尽快利用这种相关性，创造价值。

马云讲过一件事：你知道全国哪个省、市、自治区的人喜欢穿比基尼吗？一般人会想到东部沿海地区，实际上错了。最喜欢穿比基尼的是新疆人，这是淘宝销售的真实数据。这是为什么？先不用管它，你就冲着新疆人吆喝你的比基尼好就对了。

（6）强调发现事物规律性

世间万物都有规律。有时人们感到不好把控，难以描述，那是观察不多、观察不够的问题。大数据思维，重视从多方面收集信息，多角度分析数据，就比较容易认识到隐藏在事物背后的大概率现象，即规律性，因此值得高度重视。

从这样的意义上讲，大数据思维能够提升人们对于事物本质的认知，以利于更好地认识与改造世界。这也正是辩证唯物主义者所追求的精神境界。

例如，对于举办大规模集会的安全保卫工作，就可以收集以往十几年的事件发生数据，把握事件可能发生的地点、时间的规律性，以利科学安排警力。上海陈毅广场的拥挤致死事件，也是可以避免的。现在，已经知道室内每平方米0.85人，室外每平方米1人是一个关键数据。超过这个密度，就必须中止入口进人。

延伸阅读

数据可以说明过去，但数据也可以驱动现在，数据更可以决定未来。
——王文京（用友软件总裁）

缺少数据源，无以谈产业；缺少数据思维，无以言未来。
——赵国栋（和君商学院）

我们必须深刻认识到，互联网+什么都可以，但互联网+绝对不能加传统思维。
——阿里研究院

大数据思维的核心是什么？

答曰：是通过数据分析，找到价值何在。

《大数据时代》作者维克托·舍恩伯格说："在大数据时代已经到来的时候，要用大数据思维去发掘大数据的潜在价值。"

赵大伟在《互联网思维》中进一步说，大数据的价值不在大，而在于挖掘。挖掘什么？挖掘到价值。对于商家来讲，就是找到利润；对于国家来讲，就是提高治理能力和治理水平；对于自家来说，就是提高对于客观世界的认识能力，更好地生活、工作、贡献！

5. 大数据思维创新案例

（1）利用大数据思维以"虚拟世界"建设"物质世界"

养老院既有实体型的，也可以有虚拟型的。虚拟的养老院，即在计算机上建立一个养老大数据系统,将空巢、孤寡老人的健康与生活需求、照料需求等动态数据搜集在一起,此为需求方;再将志愿者、义工等供给方信息搜集在一起,使得双方得以匹配,使社会资源得到最大化利用。虚拟养老院的服务包括诸多方面:紧急救助、生活服务、老人社交、老人关爱。现实生活中,可以将"线上"与"线下"结合起来。建立一个实体服务中心,可以打破原有社区实体时间空间的限制。

(2)利用大数据思维实现数据共享

数据可以自用自享,也可以与其他组织共享共获益。一家著名的全球性饮料企业,将外部合作伙伴的天气信息集成,进入其需求与存货规划流程,通过分析特定日子的"温度、降水、日照时间"三个数据点,使企业减少了在欧洲一个关键市场的库存。同时,使预测准确度提高大约5%。

同理,批发市场如果能够获得零售商的零售数据,则可以更合理地安排生产与物流。

(3)利用大数据思维促进车险精细化

目前,北京的车险费用基本是一样的。但是一些保险公司已经开始应用UBI(基于使用的保险)。这是通过"个人驾驶行为"来定义个人保费的新型保险产品。保险公司在客户车辆上安装一个小型车载远程通信设备,就能够搜集到该汽车在驾驶里程、时间、地点以及驾驶速度、变线频次、刹车力度等方面的大量数据。而后对这些数据进行分析。通过计算,评估出这个客户的风险指数,由此制定车保费用。

这样做,技术与习惯好的驾驶员得到保费优惠,差的则要缴纳较高的保费。这样的改革是大数据帮助实现的,于国于民于全社会都有利。

(4)用大数据思维促进行政管理机制改革

在我们国家,航空公司的航班晚点属于正常,不晚点,属于不正常。而且,全国人民谁有意见也没有用。这个问题怎么解决?现在,一时还真没有办法。

美国航空管制机构采用了一种大数据方法:定期公布每个航空公司、每一航班班次过去一年的"晚点率"和""平均晚点时间"。这么一来,由于客户喜爱准时的航班,购买机票时就会自然选择准点率高的航班。这叫通过市场手段与大数据方法促进各航空公司努力提高准点率。这个简单很方法,但比任何管理手段都有效。

6. 什么是大数据决策

决策就是领导者根据实际情况对事情做出决定性意见，又叫"拍板"。按具体情况不同，决策有多种类型之分。按层次分，有战略、战役与战术之不同；按主体分，有个体、群体与群众之不同；按信息掌握程度分，有确定型、不确定型与风险型决策之不同；按可否用数量表示分，有定量与定性决策之不同；按决策目标多少分，有单目标与多目标决策之不同。

先看一个案例：阿里巴巴每卖一样东西就积累下一条数据。到 2000 年，积累了大量数据，并发现它可以做很多事情，比如金融。它们的平台上有很多卖家都需要贷款，但银行不贷给他们。阿里巴巴平台数据能够知道这些卖家的经营情况，比如卖了多少货物，赚了多少钱，经营是否稳定。于是，由此考虑：是不是可以据此决定是否可以给他们贷款呢？阿里巴巴开发了 100 多个数据模型，3 分钟填报贷款需求，1 秒钟决定给不给贷款。这里没有人在做决定，是算法在决定。他们已经给 100 多万商家做了贷款，而且比传统银行效果好得多。这种依靠大数据而非任何个人的决策，就是大数据决策。

7. 大数据决策的特点

（1）凭数据决策，而不是凭感觉决策

中国古代，从皇帝到大臣都普遍缺少数量、定量概念。皇帝听取大臣汇报，也是看他的表情、样子、说话的声音，甚至哭喊的嗓音。如果声音大，那就是重要，就需发兵或者拨款救济。因为中国太大，而统计、汇总又实在太难了。这样的决策，不可能不出问题，不可能不被下面蒙蔽、欺骗。大数据决策，则要求从数据出发，而不是从经验或者感觉出发。显然，这是一场决策机制上的革命。天气预报之所以基本正确，就是凭数据决策的。

（2）凭数据决策，而不能凭感情决策

所谓凭感情决策，就是在决策的时候，不去考虑国家利益、整体利益，而是照顾某个人、某些人的利益。《新华每日电讯》2016 年 1 月 7 日报道，有位海外学者是研究气象学的，他希望在国内推广一项新的预报技术，但行走多年，没有丝毫进展。人们都承认他的技术可行，但是就是找不到地方进行试验。一位长江学者提醒他："你的技术很好，也代表了未来发展方向，但我们不能用，你得给同行留口饭吃啊！"在倡导创新驱动的今天，害怕某项创新影响了某些人的饭碗，就加以遏制，令人不解。

（3）实时及时决策，而不能拖延误事

大数据时代，一切在线，监管性数据实时及时，能够做到不拖延，不误事。众所周知，决策的前提是对主客观情况的了解。在大数据时代，决策主体能够通过大数据工具及时掌握主客观情况，将有数据支持的主客观情况及时提交到决策者面前。

以企业为例，领导者可以凭借信息系统，将实际运行中的实时数据摆在面前，而不是层层听反映，层层过滤，造成失真。同时，凭借大数据还可以掌握行业状况、行业数据。情况不明决心大，造成"胡乱决策"；情况明决心大，叫"明智决策"。过去，要不要决策从外地"调配"农夫山泉水，需要24小时才能汇总决策，现在仅需要0.67秒。原来各大银行能不能对企业贷款，需要几天、几十天仔细研究，现在只需要1秒。

（4）凭借"过程数据"，而不是"结果数据"

大数据具有非常清晰的记录功能。它能够记录从一端到另一端的系统数据。有了记录过程的系统数据，就能找到问题出现的原因与继后的变化，从而决定采取怎样的措施。比如，某家超市的蔬菜销售额下降，这种下降是通过一个销售额模型发现的。通常上午10点钟肉类、蔬菜、食用油三种商品的销售比值为100∶80∶60，今天上午10点却是100∶40∶60。是哪个环节出了问题呢？是商品质量引起了顾客的不满？是商品位置摆放不够合理？还是另有隐情？聪明的大数据能够帮助店主知道原因，加以改进。当然，这个"诊断工具"是某商场自己分析开发出来的。

（5）重视预测性数据，避免放"马后炮"

大数据的预测功能，通常是通过运用回归分析、时间序列分析、随机树、神经网络技术等实现的。例如在连续制造工厂，通过对关键设备运行数据（如温度）的采集、跟踪、分析，就能够提前进行干预、维修，以避免事故的发生。通常不是凭借一个数据，而是多个数据。

例如GE大数据团队积累了5500多架飞机和7800多万小时的飞行数据，并从中整合出4600多个有关飞行安全的预置分析模型。该公司由此向世界各国提供"飞行能效服务"。据说它已经为我国春秋航空公司建立了强大的数据库。帮助春秋公司实现智能化飞行。在飞机、电梯、高铁等重要领域，都在利用这样的功能保障安全。

（6）发挥数据指导功能，提升生产服务水准

2015年的"双十一"光棍节一天，阿里巴巴创造了交易额912亿元的奇迹。1秒钟内完成14万笔交易。创造这项奇迹的前提是，必须让平台上的商家把要销售的商品提前配备好。商品备多了，就会积压卖不出去；备少了，就会白白丢掉大好时机。阿里巴巴通过一系列数据化手段，帮助平台上的商家搞好库存。例如，研究客户搜索、点击、浏览、开通预订的数据，以利商家搞好备货。这其中免不了要查看前几年的销售、价格弹性等。

实际上，这是一种凭借数据运算的指导过程。玩不了这种指导过程，就不会获得如此庞大的巅峰数据，创造不了如此惊人的巅峰业绩。

三、大数据分析与竞争优势

中共中央《关于深化人才发展体制机制改革的意见》提出"充分利用云计算和大数据等技术，为用人主体和人才提供高效便捷服务。"马云在《如何解读"互联网+"》中也提出："世界正在迅速改变，很多人还不知道IT是什么，今天IT已经在向DT（数字科技）时代快速跨越。IT科技和DT科技不仅仅是不同的技术，还是人们思考方式的不同，人们对待这个世界方式的不同。""当下进行的第三次互联网技术革命，数据将成为核心资源，在未来，数据成为生产资料，计算成为新的生产力。"

牛津大学教授、大数据权威专家、《大数据时代》作者维克托·迈尔-舍恩伯格博士被誉为"大数据时代的预言家"。他在2013 IBM技术峰会做主题演讲《信息风暴时代的黎明：成功与失败》时提道："网络延伸出的信息风暴通过以预测为核心的活动，创造出不可估量的商业价值。信息风暴促进了大数据及分析等创新技术的应运而生，加速了以数据为核心的企业业务模式的转型，同时也带动了移动、云计算、社交、分析、软件开发等新兴科技的蓬勃发展。"软件行业出身的舍恩伯格博士感叹："我非常认同IBM用技术引领创新、以技术驱动商业，凭技术成就梦想技术精神和实践，我想这也是IBM之所以能够百年常青的原因。相信掌控新兴科技的技术人才和企业必然会成为未来商业社会的佼佼者和

大赢家。"[1]作为新兴技术的大数据分析,可以使我们获得竞争优势。

1. 大数据成为"强国密码"[2]

大数据是新一代科技浪潮中的核心科学技术。2015年国务院印发《促进大数据发展行动纲要》,高屋建瓴地为大数据在各个领域的应用和发展提供了指导。

大数据的应用发展与快速推进主要体现在以下几个方面:建立国家级大数据平台,使数据成为国家战略资源并成为大数据实际应用的基础;各级政府和诸多行业利用大数据平台助力解决交通拥堵、教育普及、精准扶贫等棘手问题。大数据的精准性、预测性和智能性,为各行业在规划、治理、管理、决策、营销等方面的决策提供了强有力支持。

总体来看,大数据在商业、金融、物流和零售等行业的应用已经先行一步,在医疗、教育和体育等行业的应用方兴未艾,但是在十分重要的政府治理方面尚有待加大发力。

2016年8月,中国女排在里约奥运会上再次夺得世界冠军,举国欢庆。中国女排能够在极其艰难的情况下再次书写世界传奇,除了勇于拼搏的女排精神之外,科学的"数据分析"绝不可轻视。

人们注意到:这次女排征战团队中,有一位身穿白色运动服,坐在球场一侧操作计算机的陪打教练——袁灵犀。此人不仅精通排球,而且懂得计算机与大数据技术。女排重金购买了专业的排球大数据分析软件,里面保存有世界排球强队每个队员在不同战术中扣球与吊球的习惯路线等资料。赛前,袁灵犀一直利用数据分析指导女排队员训练。比赛过程中,每个回合他都利用代码将有价值的细节录入系统,时时向教练提供本队与对手的技术分析数据。有了袁灵犀及其数据分析,总教练郎平才能真正做到知己知彼,正确决策,调整队员布局。大数据分析助力女排胜利夺冠,这正是大数据在中国如火如荼发展的一个缩影。

2. 大数据分析让企业掌握竞争力绝对优势

IBM大中华区大数据和分析及新市场总经理,全球企业咨询服务部合伙人、

---

[1] 维克托·迈尔-舍恩伯格.信息风暴时代的黎明:成功与失败.2013IBM技术峰会.http://server.51cto.com/BigData-402711.htm.
[2] 王通讯,黄秋钧.大数据产业莫让人才拖后腿.光明日报.2016年11月8日16版.

副总裁 Jason Kelley 在接受《南方都市报》专访时表示,企业已经逐步明确数据作为 21 世纪新自然资源的巨大价值。大数据与分析成为提升企业竞争力的绝对优势,进行转型和创新的巨大动力。[①] 在国内,越来越多的 IT 龙头企业,以及众多创新企业开始认识到大数据的"能量巨大",纷纷开始运用大数据为企业运营助力。

百度创始人李彦宏在各种会议场合都在强调"AI 时代""人工智能""数字经济"等关键词,并花费巨资开启了人工智能研究的新时代,大数据应用平台已经迭代到了 3.0。华南地区,由于在金融、电信、医疗、零售、制造等行业具有领先优势和得天独厚的数据资源,大数据与分析已经被深度挖掘,在拓展商业和惠及民生方面,都获得了高价值突破。

目前,微软、甲骨文、IBM 和 SAP 都花了超过 15 亿美元大手笔用于软件智能数据的管理和分析方面的研究,每一家公司都会有大数据应用方面的专长。比如,IBM 通过提供整套解决方案,来增加它们应用大数据的能力,能够增强它们在这些方面的综合解决的各种能力。

3. 大数据分析应用场景[②]

市场营销。吸引、培养并保留住客户。大数据可以帮助我们为客户提供其需要的个性化产品和服务;充分利用企业内外的所有数据,对客户的需求和行为进行智能预测;通过客户所使用的渠道,实现协作式的实时互动;通过更好地了解客户,提供适当的服务水平,从而提高客户保留率,将客户转变为支持者。根据 Accenture Interactive 公司的一项研究,91% 的高绩效客户体验者表示,数据分析对于改善客户体验至关重要。通过一个实时商店监控平台(RTSMP),具有跟踪客户在商店内浏览商品的能力。

优化运营,提高效率。通过大数据和分析战略可以让我们清晰地认识,企业运营流程和系统是否发挥了应有的效率;适时了解企业动态,是否能够减少浪费和欺诈;如何规划、管理运营、供应链和基础架构资产的使用,最大程度地发挥

---

① 大数据与分析让企业掌握竞争力绝对优势.http://gd.sina.com.cn/szfinance/hlwjr/2014-08-22/07434737.html.

② 要将大数据和分析转变为竞争优势,实现业务转型,必须做到这三点.http://blog.csdn.net/tcict/article/details/72867115.

它们的作用；如何获取降低成本，提高效率、生产力以及减少威胁所需要的洞察。

优化管理和财务流程。大数据分析能够帮助我们适时获取有关业务各个方面的可靠信息；全面了解、深入洞察和控制财务表现，以便更好地衡量、监控和实现业务成果；分析所有数据，以推动企业敏捷性，并提供洞察，帮助做出有关业务战略和人力资本管理的明智决策。

管理风险。大数据分析可以让我们清楚如何才能规避可能摧毁企业的财务和运营风险；如何管理法规变化，降低不合规风险；如何主动发现、了解和管理财务和运营风险，以便能够做出更多具有风险意识的决策。

创建新业务模式。大数据分析能够帮助我们了解竞争对手在改变行业或创造新市场的过程中是否比我们更快一步；我们的企业文化是否支持创新的思维和探索；使用通过探索大数据和分析所获取的新视角，研究战略性的业务增长选项。

最大程度获得洞察，确保信任和改进 IT 经济性。据估计，截至 2020 年，数字数据将是地球上沙粒总数的四倍。所关注的问题主要包含，IT 基础架构是否能够提供决策制定者需要的洞察；数据中心和数据是否得到充分保护，免受可能的犯罪活动或欺诈的侵扰；是否能够通过优化大数据和分析，以较低的成本更快地获得洞察，推动创造新价值，实现事业的敏捷性。

4. 大数据分析为人力资源带来的竞争优势

管理决策。传统的企业人力资源管理采用的是经验预测法、德尔菲法和描述法等定性分析法，没有数据分析作为支撑，管理人员做决策时很容易受到环境及自身情况的影响，尤其是个人的知识水平、文化背景、个人偏好等主观因素对决策影响很大，对决策的正确性有一定影响。

在大数据环境下的人力资源规划，可以通过数据动态地跟踪、分析员工的工作情况和状态，离职率、员工供需等信息，准确地进行人力资源诊断及决策；人才招聘方面，传统的招聘工作一般面对的是成千上万的简历，从中选出适合的人选需要消耗一定的精力，而且效率低下、周期长、成本高。大数据背景下，招聘工作可以借助数据挖掘技术找到合适的简历，并高效完成人岗匹配。对于培训与发展规划，培训需求的精准把握和培训效果是保障培训工作有成效的重点，借助大数据的数据分析技术，通过对员工相关数据分析，识别出员工的学习需求、行为、模式及效果，HR 可以随时得到员工学习进程和效果等数据信息，使培训的过程更加关注员工个人发展。薪酬是激励人才的最有效方式之一，合理的薪酬制度设计对于企业吸引、留住核心人才有关键作用，通过大数据技术，可以获取行业薪酬水平和员工职业生涯中的个人薪酬水平情况，对确定合理的薪酬政策有极大的助力作用，更为准确地掌握国内劳动力薪酬变动和员工薪酬预期，提高人力资源管理工作中薪酬管理的有效性。

> **延伸阅读**
>
> ### 沃尔玛如何利用大数据颠覆零售业[①]
>
> 沃尔玛是最早通过利用大数据而受益的企业之一，一度拥有世界上最大的数据仓库系统。通过对消费者的购物行为等非结构化数据进行分析，沃尔玛成为最了解顾客购物习惯的零售商，并创造了"啤酒与尿布"的经典商业案例。早在2007年，沃尔玛就建立了一个超大的数据中心，其存储能力高达4Pb以上。《经济学人》在2010年的一篇报道中指出，沃尔玛的数据量已经是美国国会图书馆的167倍。
>
> "对沃尔玛最重要的是它的规模。消费群的规模、产品的规模，以及技术的规模。""我们渴望洞察世界上每一个产品，我们渴望了解世界上每一个人。我们希望能够通过交易将产品与用户连接。"
>
> 从收入方面讲，2014年沃尔玛是世界上最大的零售商。沃尔玛每天从美国4300家分店获得将近3600万美元营业额，同时雇员近200万人。沃尔玛在大数据还未在行业流行前就开始利用大数据分析。2012年，沃尔玛采取行动将实验性的10个节点Hadoop集群扩展到250个节点组成的Hadoop集群。Hadoop集群迁移的主要目的是把10个不同的网站整合到一个网站，这样所有生成的非结构化数据将被收集到一个新的Hadoop集群。自那时以来，沃尔玛为了能够提供卓越的用户体验，而在提供一流电子商务技术和在大数据分析路上加速向前。沃尔玛收购了一个新创办的小公司Inkiru来提高其大数据性能，Inkiru的总部位于加州的帕洛奥图。Inkiru在有针对性的市场营销、销售和反欺诈等方面为沃尔玛提供帮助。Inkiru的预测技术平台从不

---

① 李华芳. 沃尔玛如何利用大数据颠覆零售业. https://baijia.baidu.com/s?old_id=442944.

同来源获取数据,并通过数据分析帮助沃尔玛提高个性化。Inkiru的预测分析平台整合机器学习技术从而自动提高算法的准确性,并且可以与各种外部和内部集成的数据源整合。

1.沃尔玛如何利用大数据?

沃尔玛有一个庞大的大数据生态系统(图1-17)。沃尔玛的大数据生态系统每天处理数TB级的新数据和PB级的历史数据。其分析涵盖了数以百万计的产品数据和不同来源的数亿客户。沃尔玛的分析系统每天分析接近1亿关键词,从而优化每个关键字的对应搜索结果。

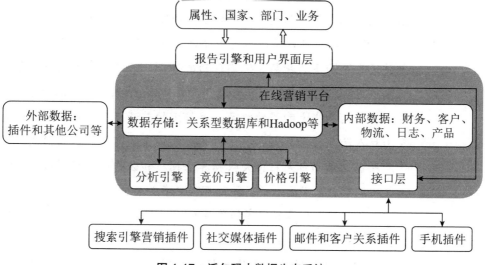

图 1-17 沃尔玛大数据生态系统

沃尔玛改变了导致重复销售的决策,这带来了10%~15%在线销售的明显涨幅,增加收入为10亿美元。沃尔玛第一个利用Hadoop数据的应用节省捕手——只要周边竞争对手降低了客户已经购买的产品的价格,该应用程序就会提醒客户。然后这个应用程序会向客户发送一个礼券补偿差价。

eReceipts应用程序为客户提供购买的电子副本。

Hadoop一个沃尔玛的地图应用程序,利用Hadoop来维护全球1000多家沃尔玛商店的最新地图。这些地图能够给出沃尔玛商店里一小块肥皂的精确位置。

2. 沃尔玛如何追踪用户？

"我们整合数据的能力是无可媲美的。"沃尔玛使用数据挖掘来发现销售数据的模式。数据挖掘可以帮助沃尔玛找到模式，该模式基于哪些产品需要一起购买或者购买特殊商品前需要购买某一产品的信息，向用户提供商品推荐。在沃尔玛，有效的数据挖掘增加了客户的转化率。

下面是一个有效的数据挖掘技术的典型案例：沃尔玛通过关联规则学习，发现草莓果的销售量在飓风之前增长了7倍，通过数据挖掘确认飓风和草莓果之间的联系，使其所有的草莓果在飓风前售出。沃尔玛拥有详尽的将近1.45亿美国客户数据，大约是美国成年人的60%数据。可以单独跟踪每个消费者。沃尔玛通过店内WiFi收集关于客户购买的物品、他们住的地方、他们喜欢的产品等信息。沃尔玛实验室的大数据团队分析用户在Walmart.com的点击行为，消费者在店内和线上购买的物品，推特上的趋势，当地的活动（如旧金山巨人队赢得世界大赛），当地天气偏差如何影响购买模式，等等。所有的活动都是在由大数据算法捕获和分析从而识别有意义的大数据洞察力，而这可帮助数百万客户享受个性化的购物体验。

3. 沃尔玛如何真正提高销售量？

（1）推出新产品

沃尔玛正利用社交媒体数据来发现热门产品，如此这些热门产品就可被引入世界各地的沃尔玛商店。例如，沃尔玛通过分析社交媒体数据发现了热搜词"蛋糕棒棒糖"。沃尔玛迅速反应，于是"蛋糕棒棒糖"在各个商店上架。

（2）更佳预测分析技术

基于数据分析，沃尔玛最近修改了其产品送货政策。沃尔玛利用预测分析，提高了在线订单免费送货的最低金额。最新的沃尔玛送货政策将运费的最低金额从45美元调高到50美元，但同时增加了几个新产品以提高顾客购物体验。

（3）个性化定制建议

该行为与谷歌相似，只是谷歌通过跟踪用户浏览行为来量身定制广告，而沃尔玛基于用户购买历史，通过大数据算法分析用户信用卡购买行为，从而向其客户提供专业建议。

4. 沃尔玛的大数据分析解决方案

（1）社交媒体大数据解决方案

社交媒体的数据是非结构化的，非正式的，一般不符合语法的。分析和挖掘数PB的社交媒体数据从而找到重要因素，然后将其映射到有意义的沃尔玛产品是一个艰巨的任务。大部分驱动决策的沃尔玛的数据是基于社交媒体——Facebook、Pinterest、Twitter、LinkedIn等的。沃尔玛实验室利用社交媒体分析从而产生零售相关的大数据见解。

沃尔玛推出社交媒体众包竞赛，该比赛帮助企业家的产品上架，吸引了超过5000个条目并在美国获得100万多张选票。任何人都能参与并帮助他们的产品与数百万客户相遇。最好的产品被宣布为赢家并且可以在沃尔玛商店卖给数百万客户。

WalmartLabs首席工程师阿伦·普拉塞斯说："社交媒体分析都是从社交渠道挖掘零售相关的隐藏信息，对我们来说是非常惊险和兴奋的任务。当我们的团队在黑色星期五（11月22日）花了一天狂热追随社交零售热潮时，我们知道世界上没有一定规律可言。"

（2）社交基因组（Kosmix的语音网页平台）

"只有征服多倍挑战后，我们才能得到有意义的推荐……我们的社交媒体分析项目运营在600亿个社交文档上的可查找索引，帮助沃尔玛的商家实时监控情绪和流行热点，或调查过去的趋势。该项目还可以看到社会情绪和社会热点水平的地理差异。项目也有一些工具能帮助产生关联性，如在walmart.com上的婚姻搜索趋势，在我们的实体店销售趋势和一个地方的社会热点趋势。将这些分析结果结合，那么这些工具就提供了强有力的社会洞察力。"

（3）沃尔玛的Shopycat-Gift推荐引擎

沃尔玛利用预测分析技术的库存管理。德勤的调查发现，受移动端影响的线下销售额预计在2016年年底达到7000亿美元。为得到它的移动端战略，沃尔玛利用大数据的力量驱动工具和服务的发展。超过一半的沃尔玛的客户使用智能手机，其中35%的消费者是成人，接近3/4的总体客户基础是成人。移动电话客户对沃尔玛是极其重要的，因为智能手机消费者大多出行且出行移动消费比店内消费多77%。因此，手机用户购买量每年占沃尔玛销售量的1/3，在节假日的时候大约占40%。

沃尔玛移动和数码高级副总裁托马斯认为："电子商务与移动购买密切相关。全球最大的零售商将使用大数据来提升消费者购物体验。"他还补充说："我们的移动战略既简单又大胆。我们希望移动工具成为不可或缺的帮手，当他们在我们店内或者线上购物时。这种零售方式为应对未来竞争将提高用户个性化体验，这一切会发生在手中的小屏幕上。"沃尔玛利用大数据分析技术提高其移动应用的预测能力。通过分析客户每周购买数据，手机应用程序生成一个购物清单。沃尔玛的移动应用程序由可告诉用户想购买商品的位置的购物清单组成，并且该应用通过提供Walmart.com上类似产品的折扣推动用户购买。沃尔玛的另一种利用大数据分析力量的方式是实时分析——当客户进入沃尔玛商店。沃尔玛移动应用的地理围栏功能无论何时都能感知用户是否进入美国沃尔玛商店。这个应用程序要求用户进入"商店模式"。移动应用商店模式帮助用户扫描特别折扣的量化宽松政策法规和提供他们想买的产品。

5. 沃尔玛如何应对大数据技术危机？

沃尔玛大数据每天以惊人速度增长而大数据人才的缺乏成为沃尔玛数据分析的主要障碍。在有限的具有大数据技术的人员情况下，沃尔玛正在采取所有必要的措施来克服这一挑战，使得它没有落后于其竞争对手。每当一个新团队成员加入沃尔玛实验室的分析团队，他/她必须参加分析旋转程序。该项目的候选人必须与各个部门人员进行沟通从而了解整个公司如何利用大数据分析技术。

沃尔玛正处于一个艰难时刻，难于找到有分析前沿应用程序经验的专业人士和能够利用像Python和R编程语言构建机器学习模型的数据科学家。沃尔玛为其招聘活动使用#lovedata标签来提高不断壮大的阿肯色州本顿维尔数据科学界知名度。沃尔玛技术部门高级招聘人员曼达·塞克尔认为："人力资源供给和需求之间的鸿沟总是存在，特别是在新兴技术方面。"在每天有超过40PB数据可供分析的沃尔玛，他认为对于数据科学及数据分析人才需求前所未有。沃尔玛零售业的成功是天时、地利、人和。在大数据分析的显著帮助下，沃尔玛将继续攀爬零售业高峰。沃尔玛努力解决大数据技术人才短缺的问题。2014年，沃尔玛举办了一场Kaggle竞赛，将特定商店的历史销售数据和相关的促销活动等信息提供给参加的专业人士，让他们建造模型来显示这些促销对超市各区域的影响。竞赛结果帮助沃尔玛找到了技术能力卓越的分析人才。

四、人力资源大数据及其典型应用

"信息社会"的确立标志着大数据时代的到来，也标志着一场生活、工作与思维的大变革。大数据的本质不是它含有多少信息，而是它可以对信息数据进行专业的处理和整合，大数据时代的到来为企业人力资源管理带来一场新的变革。正如维克托·迈尔·舍恩伯格在《大数据时代》书中所写，"大数据开启了一次重大的时代转型。就像望远镜让我们能够感受宇宙，显微镜让我们能够观测微生物一样，大数据正在改变我们的生活以及理解世界的方式，成为新发明和新服务的源泉，而更多的改变正蓄势待发……"汹涌来袭的大数据浪潮，也是加速企业创新和变革的重要利器。

对处于战略转型中的人力资源管理，大数据的思想如何体现？如何运用大数据提升HR价值，进而提升组织效能？

1. 什么是人力资源大数据

大数据近几年发展很快，图1-18展示了每分钟互联网能产生哪些数据，这些数据还在不断地上升。数据的大小通常按照如下进阶，后者是前者的1024倍。

KB → MB → GB → TB → PB → EB → ZB → YB → NB → DB

根据业界的共识，达到PB这个级别基本上是大数据的临界点，也就是说数据量积累到PB水平以后，才能开始去谈大数据。

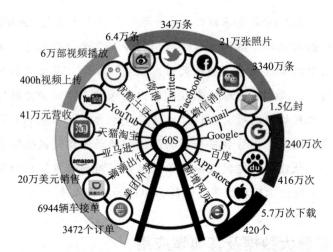

图 1-18　2016 年年底互联网一分钟产生的数据量（数据来源于网络）

那么人力资源的数据是否属于大数据？对于人力资源来讲，大部分企业人力资源领域产生的数据基本上还是在 GB 这个级别，可能有几十个到几百 GB，BAT 等一些大企业平时也比较重视数据，也有技术手段收集与积累数据，存量相对高一些，可能达到几十到几百个 TB。所以仅仅从数据量上还远远没达到大数据的量级。那是不是说我们人力资源就不能谈大数据了？我们可以利用大数据的思维方法以及技术，去研究与探索人力资源管理，在人员规划、人才画像、离职预测、高潜识别、组织效能、文化活力、舆情分析等方面进行深度洞察，从而为企业人才方面的决策提供高含金量的辅助依据与建议。

2. 人力资源大数据的特点

（1）相关性

人力资源大数据特点之一是相关性，其主要体现在三个层面：

① 人力资源内部业务数据：基于员工在"工作、生活、学习、发展"的四个圈产生的各种各样的信息（包括结构化数据、非结构化数据，下文有示例），彼此关联又互相影响。

② 人力资源外部数据：一是基准数据，比如各地五险一金政府规定，这些基数的调整，就会影响到公司的人工成本；不同城市对社保缴纳年限对于买车买房的限制，积分落户，租房补贴，可能影响人才的流动等。二是行业对标数据，比如薪酬调研报告、劳动力市场趋势报告等。三是竞品公司各方面的对标数据。

③ 企业经营数据也会影响到人力资源的数据分析，当公司效益好时，人力资源方向的投入也会增加，比如增加人才招聘力度与培训费用、提高员工薪酬福利待遇等。当效益不好时，可能采取关停并转、减员增效等措施。

（2）流转性

大部分人力数据贯穿在"入离升降调、选用育留管"的各个流程中，前后端到端流通并交互，确保业务正常运转。流转确保了数据的连续性与一致性，并且流程中产生的数据都有记录，累积下来可用于未来的进一步大数据分析。

人力资源数据提供接口到下游系统，以便支撑其他业务系统需要；同时其他业务系统的一些数据与人力资源数据可以有交互。

（3）分散性

① 人力资源本身的数据分散在不同系统里，这可能是由于系统规划建设的局限性，有些系统不是互联互通的，比如招聘数据、培训数据、测评数据、评估数据等。

② 人力资源之外的数据，比如经营数据，涉及财务、销售、业务等部门，掌握在各个部门自己手里，由于利益交错盘结，数据尚未共享。

③ 外部行业对标数据。这些数据大多分散在不同的地方，需要花费不少人力物力去收集、整理、汇总；即使收集齐了，由于维度的不同，综合分析也不容易。

从实践角度来说，目前人力资源数据存在一定问题，一是数据量不够多，目前很多企业信息化系统建设也不够完善，数据收集与积累有限，绝大多数企业还处于传统意义的分析。即使信息化比较完善的企业，由于缺少数据挖掘方面的专业人才，数据的积累仍停留在起始阶段。二是技术限制不易分析，绝大多数人力资源从业者不懂大数据技术，而大数据专家也不懂人力资源管理。新时期需要培养跨界复合型人才，才能将人力资源管理推到新高度，助力业务发展与管理决策。

3. 人力资源大数据的价值

人力资源大数据的价值主要体现在有效运用大数据思维与技术，可以在人力资源规划、招聘、员工学习与发展、绩效管理、薪酬与激励体系、员工福利与服务等方面展开探索与实践，通过数据挖掘与建模分析，预测未来趋势，为人力资源决策提供辅助支持，从而体现大数据的价值。

首先，大数据时代思维方式发生了根本性变化。过去我们做数据都是采样，而大数据实际上不是采样，而是选用全量数据。另外，我们过去采样的时候要求个体数据要很精确，但是大数据可以允许不精确，它可以接受混杂性，它要求的是有效性。还有一个特点，过去做数据分析是事先提出一个因果假设，然后收集数据，通过分析来验证假设，这是因果关系；但大数据讲究的是从大量数据中找出相关关系。

其次，大数据时代思维模式的转变。大数据的处理和技术发展到今天，仍处于"盲人摸象"的阶段（图1-19）。你可能摸到的是"腿"，他可能描述的是"鼻子"，虽然正确但都是局部，不是全貌。随着大数据技术的不断进步和越来越多的活而全的数据源，探索到的东西也将无限逼近事实与真相，也越能获得更深邃的智慧与洞察，也就体现了大数据真正的价值。

图1-19 大数据的"盲人摸象"阶段

4. 人力资源大数据典型应用

任何一个组织，要抓住大数据的机遇，就必须做好几方面的工作。从技术角度看，首先，要收集并且开发特定的工具，来管理大规模并行服务器产生的结构化和非结构化数据，这些数据，可能是自己专有的，也可能来源于"云"。其次，每一个组织都需要选定分析软件，用它来挖掘数据的意义。但可能最重要的是，任何组织都需要人才来管理和分析大数据。这些人被称为"数据科学家"，他们集黑客和定量分析员的优势和特长于一身，非常短缺。聪明的领导人，将想方设法留下这类人才。[①]

---

① 徐子沛. 大数据. 桂林：广西师范大学出版社. 2015.

不少的公司都意识到这难得的机遇，而且已经采取了行动。比如，通用电气将投资15亿美元在旧金山湾区建立一个全球软件和分析中心，作为全球研发机构的一部分。中心拟雇佣至少400名数据科学家，现在已经有180位到位。通用电气在全球拥有超过1万名工程师从事软件开发和数据分析工作。通过共同的分析平台、训练、领导力培训以及创新，他们的努力得以协调配合。通用电气对于大数据的研究活动，相当一部分集中在工业产品上。

（1）百度人力资源大数据共享信息平台

百度的人力资源大数据共享平台已经迭代到3.0版本，从人才管理、运营管理、组织效能、文化活力、舆情分析等，做了相应的指标体系建设和相应的建模，在这之上完成了很多应用，比如BIEE、个人全景、用户画像等，为管理层的人才决策提供参考与建议（详见第五章）。

（2）人才雷达把数据挖掘用到招聘服务

《大数据时代》译者、电子科技大学互联网科学中心主任周涛创立了成都数之联科技有限公司，并把数据挖掘用到了招聘服务领域。

人才雷达系统的成功关键就在于，受邀用户可以选择绑定自己的LinkedIn、微博、人人等社交网络账号，让人才雷达搜索引擎自动匹配和推荐用户社交网络中更加匹配所招岗位技能要求的人才，并依照契合度来进行推荐排序，每一位被系统列出的推荐者头像旁都会展现一个9维的人才雷达图，以方便招聘官挑选，这正是"人才雷达"名称的由来。

其核心技术是人才搜寻模型和匹配算法，通过对被推荐者邮箱、网络ID、Cookie地址等多维度身份标识的匹配，从9个维度来判别被推荐人的适合程度：职业背景、专业影响力、好友匹配、性格匹配、职业倾向、工作地点、求职意愿、信任关系、行为模式。

（3）e成科技的大数据招聘服务SaaS平台

e成科技（上海逸橙信息科技有限公司）组建于2013年6月，是全国领先的一站式大数据招聘服务平台提供商，利用机器学习算法、数据挖掘和NLP（自然语言处理）等技术提升简历与岗位的匹配效率，激活企业及猎头等招聘机构的闲置简历资源，提高存量简历利用率，形成协同共享效应，打造基于算法的招聘服务SaaS平台。

目前，由e成科技提供的大数据招聘服务包括简历搜索、基于企业职位的个性化推荐、人脉内推、人才库、约 Ta，以及包括职位 BI 分析、企业大数据画像、人才地图在内的多项数据 BI 服务，帮助企业有效提高招聘资源利用率，并为企业人力资源决策提供关键性参考。

（4）上海联通推出人力资源"管理仪表盘"[①]

上海联通面向公司管理层推出人力资源"管理仪表盘"，采用定量分析、定期推送、用数字说话的方式，建立可视化报告中心，提高数据的直观性及易读性。管理仪表盘现有 10 个维度、30 多个专题，以"图形—数据—解读"的形式，为管理层直观呈现人力资源管理分析报告。

以效率改善为前提、以质量管控为目标、以流程重构为核心、以信息系统为载体，面向员工入职、调动、换岗、退出等基础业务探索人力资源数字化运营管理转型（表 1-6）。

表 1-6　人力资源基础业务流程数字化运营功能

业务环节	信息管理	申请/审批	手续办理	通知/待办	查询/报表	2015 年业务量
入职管理	应聘信息表填报 入职时直接导入	测评报告 学历验证 背景调查	多业务并行 跨部门流转	自动触发 入职通知	自动生成报表	×××人
调动管理	—	编制岗位审核 调出调入审批	触发移交流程	自动触发调动通知	自动生成报表	×××人次
换岗管理	—	自动校验编制 自动校验岗位	在线签署岗位聘用协议	自动计算汇报变化关系	自动生成报表	×××人次
退出管理	HR 数据中心 补充信息填报	离职问卷访谈 固定资产盘点	自动清算年休假 多部门并发流转 自动生成退工单	自动触发离职通知	自动生成报表	×××人

（5）京东的离职预测模型

离职预测——业务建模。通过 2015 年研发员工在离职数据，预测 2016 年在职员工的离职倾向；根据业务场景，选择三个机器学习模型。为规避过度拟合的问题，基于业务、模型提炼出适合京东的离职预测模型（图 1-20）。

---

① 备注：资料来源于 e-HR2016 年年会分享报告。

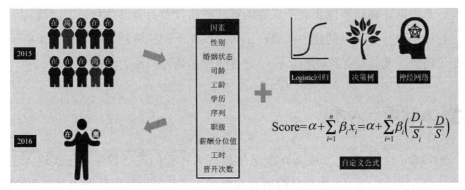

图 1-20　京东员工离职预测模型

离职预测——落地实践。数据结论与实践业务结合，持续优化 JD（图 1-21）。

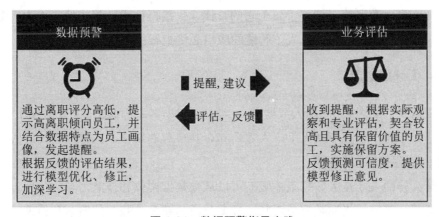

图 1-21　数据预警指导实践

（6）大数据预测员工心理状态趋势[①]

计算机自主学习的强大，在于无止境地自我完善，具有无与伦比的适应性和自生长性。事实上，在分类或趋势预测的背后，是庞大的数据演算，建模和预测的过程包含了繁复的统计过程，包括描述统计与推断统计。人工智能看似神秘，其实充斥着大量的数学计算的研究过程。在人才发展方面，人工智能可以帮助我们预测员工的心理状态趋势，从而激发员工的热情。

柯塞（BESTER）中国合伙人胡闻斌提道，柯塞曾启动了管理环境对人类心理的影响研究，旨在寻找那些激发员工工作热情的最佳管理环境方面的实践。目前已积累了 3414 个管理环境样本，并针对每个样本持续采集了约 5 年的员工心

---

① 柯塞. 厉害了，"大数据"竟然能预测员工的心理状态. 培训. 2016.11.

理及行为数据，调研不同企业所采取的管理战略以及具体的执行方案。通过运用人工智能，进行了大量的建模和验证工作，发现不同的管理方式下的员工心理状态变化趋势，尤其是工作动机，在一定程度上都是可预测的。

五、大数据与人才

2009年，"大数据"成为互联网信息技术行业的流行词汇，正式进入了大众的视野。2012年3月，奥巴马政府宣布投资2亿美元拉动大数据相关产业发展，将"大数据战略"上升为国家战略。奥巴马政府甚至将大数据定义为"未来的新石油"。2016年3月，我国将大数据战略纳入"十三五"规划。

如今，大数据终于迎来了属于它的时代。大数据技术已趋成熟，作为一个新学科，数据科学方兴未艾。人工智能的应用必将把智能决策推向新的高度。

1. 人才成掣肘[①]

根据我们的观察，制约大数据进一步发展的瓶颈很有可能是大数据人才不足。所谓"十年树木、百年树人"，人才培养有其自身的规律，大数据领域的人才培养也不可能脱离这种规律。

什么样的人才是大数据人才呢？可以从大数据岗位和技能需求的角度进行定义和分类。第一类当属数据分析师。数据分析师熟悉大数据的概念和原理，具有一定的数理和统计学知识，能够熟练操作和使用数据软件和工具，他们工作在大数据与各个领域结合的第一线，例如女排的数据分析师袁灵犀就要既懂数据又懂排球，二者缺一不可。第二类是数据工程师。数据工程师应该能够开发和搭建数据平台和应用，并且熟悉数据挖掘的流程和原理，为大数据技术应用在各个领域提供解决方案。第三类是数据科学家。数据科学家需要熟悉各种大数据技术的原理和相对的优劣势，合理利用各种技术来设计大数据平台的架构，根据数据挖掘的使用需求和商业理解来设计和开发算法。

为了便于大家理解，我们可以用航空工业中的各类人才做个类比：数据分析师类似于飞行员；数据工程师类似于飞机生产制造和维护人员；而数据科学家则

---

① 黄秋钧，王通讯. 大数据产业莫让人才拖后腿. 光明日报. 2016年11月8日.

类似于飞机设计人员。遥想当年，莱特兄弟发明飞机的时候，他们二人既是设计者又是制造者和飞行员，但现在这是三个完全不一样的岗位类型。随着大数据技术的成熟，大数据人才的划分也会经历类似的过程。

2. 培养周期长

现在大数据工程师和大数据科学家之间的界限还很模糊，不过数据分析师已经逐渐分离了出来。正如我们不需要飞行员也能够制造飞机一样，数据分析师相对于其他两者培养起来要容易一些。但是不同的飞机和不同的飞行场景对飞行员有不同的要求，数据分析师在不同领域的技能要求也不完全一样，总的说来，使用越复杂的数据应用和工具越需要数据分析师掌握更多的数据知识和技能。

如今，任何大数据平台的搭建和维护都需要成建制的数据工程师和数据科学家。过去两年间每年有数十个大数据平台在启动和搭建，这就在短时间内形成了对数据工程师和数据科学家的巨大需求，而在大数据人才的供应特别是高端人才供应方面则受到人才保有量不足和人才培养周期长的制约。如果我们从大学入学开始计算，加上软件开发和数据算法建模等方面工作经验的形成，培养一个合格的数据工程师和数据科学家至少需要 5 年到 10 年的时间。

当前一个明显的事实是，大数据人才培养速度明显低于大数据发展和应用的速度。据调查，尽管全国 50% 的大数据人才集中在北京，但是北京的互联网公司仍然普遍遇到了合格的大数据人才"招聘难"和"留人难"的问题。

3. 先下手为强

大数据产业兴起于美国。美国现在正遭遇的"大数据人才荒"及其采取的应对措施，可以给我们诸多启发和借鉴。

例如，大数据人才在领英（LinkedIn）和玻璃门（Glassdoor）等人力资源和招聘网站长期处于供不应求的状态。麦肯锡咨询研究指出，到 2018 年仅仅在美国，大数据人才短缺就到达 50%～60%。今日美国和彭博社等媒体一致认为，大数据人才短缺的问题短期内只会加剧而不会缓解。自从 2011 年麦肯锡报告预测美国到 2018 年将会有 14 万～19 万数据分析人才短缺后，美国各类大学都争先恐后地开设与数据科学有关的课程（包括大数据技术、商业智能、数据分析、人工智能等）和专业。比如，北卡公立大学早在 2007 年就先知先觉地设立了数据分析硕士项目，2016年该项目毕业生的就业率达到了100%，而且平均年薪达到了10万美元左右。该项目从2007年到现在的毕业生人数已经达到了100多人。然而，同美国教育界全力开动起来培养的人才数量和大数据快速发展所需要的人才数量相比，仍然是杯水车薪。

可以预见，在未来世界，国家之间、区域之间甚至是公司之间的大数据人才争夺战将会愈演愈烈。有鉴于此，建立中国的大数据人才平台，对大数据人才问题进行超前研究，并且未雨绸缪，加大人才培养和引进的力度，应该引起领导者与人才规划部门更多的重视。

第二章

大数据挖掘渠道及技术方法

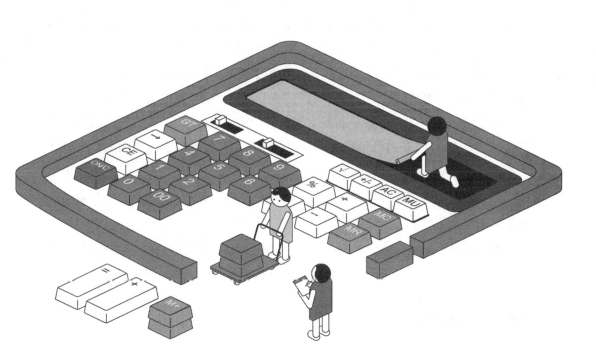

第一节
大数据的取得与整理

所谓大数据是我们进入大数据时代之后所面对的一个现实的数据世界：海量的数据，数据量还在加速增长，而且数据形态各异，质量参差不齐。不过好的方面是，这些数据中蕴藏着巨大的价值，发现这些价值的过程就是知识发现（Knowledge Discovery in Database，KDD），这个过程的终极目标是让数据规则有序地组织起来，既有哲学的美感又有数学的优雅，然后在这个坚实的数据基石上构建信息、知识和智慧的摩天大厦。理想很丰满，现实很骨感。要实现这一目标并不容易，需要有效的方法和工具，这就是我们下面要谈的大数据技术。

数据量的积累是一个量变到质变的过程，这个过程早在2012年之前就已经开始，只是在2012年跨过了质变的节点，而且现在得到广泛应用的大数据科技大都可以追溯到大数据时代到来之前。这些科技的诞生和发展凝聚了先驱者大量的智慧和心血，大数据时代到来之后，这些人的贡献被更多人熟知，现在数据领域里的专业人才有了一个特定的名称：数据科学家。

能够笑看风云起，在数据的海洋上乘风破浪，数据科学家需要有内外兼修的功夫和称手的兵器。接下来我们阐述数据科学家必备的看家本领。

一、数据收集

1. 获取数据

大数据时代难道会缺数据？会也不会。会是因为大数据时代的原始数据是泥沙俱下的漫天洪水，而我们想要的是可以饮用的一泓清泉。之所以不会，是因为通常情况下数据科学家都会有办法。

数据科学家需要对大数据原始数据的来源和构成了然于胸。从数据产生角度，现阶段大数据的几大数据源包括：

（1）内容数据：主要来自网络和社交数据。泛社交网络生成的文本、音频和视频等数据，随着3D游戏、视频直播和虚拟现实等应用的普及，这一类型数据的数据量还会快速增加。

（2）观测数据：主要来自探测器和机器生成数据。由传感器记录的各种数据，包括科学实验的数据、工程测量的数据，甚至包括生活中使用的智能穿戴设备记录的数据。以天气预报为例，分布在各处的气象站有大量的传感器在采集各种气象数据，包括温度、湿度、风向和风速等，从这些数据中抽取出有价值的信息进行分析才有可能相对准确地预测未来的天气。所有的科学和工程领域都有大量的传感器数据生成，对这一类型数据的收集和使用是一个非常重要的课题。其中科学观察产生的数据量可能会超出大部分读者的想象，比如高能粒子对撞机、受控核聚变装置和射电望远镜等都会产生大量的观察数据，这些设备每天可以轻松的产生PB（Petabytes）量级以上的数据。

（3）用户数据：以用户为中心集成的数据。包括用户个体识别（Biometrics）和用户行为数据，例如人脸识别、指纹识别、用户浏览记录，用户消费记录和用户信用记录等。

（4）业务数据：主要来自于各种信息系统，包括股票交易数据，物流数据和商品销售数据等，最典型的例子是电商平台产生的交易数据。

2. 收集数据

以数据源的状态不同，大数据技术在应用过程中对数据源的使用主要呈现两种状态。

第一类，稳定的数据源能够提供充足的数据。这种情况在IT行业内部比较普遍，数据在每时每刻不断地大量地生成，比如互联网平台的日志数据，又如电商平台的交易记录等，因此如何使用大数据技术快速有效地处理这些数据是问题的关键。

第二类，先确定了大数据分析要达到的目的或者要解决的问题，根据确定的商业理解来构建算法和数据模型，然后再回溯获取所需的数据。当大数据技术与其他行业相结合时，这种情况就比较常见，例如在人力资源领域里面要用大数据技术分析某一类型岗位的需求度，就需要行业和不同公司提供这一类型岗位所需的知识背景、能力技能和健康状态等方面的数据。而且随着算法模型逐渐演化得更复杂，需要补充更多更全面的数据。

根据大数据技术应用的经验，获取和补充数据对于大多数非IT领域在应用大数据过程中是必不可少的。这些数据的获取通常有几种来源和方法。第一，从互联网获得。例如需要获取数据来建立行业基准，通过爬虫程序从互联网上抓取数据是一个有效的方法。优点是实现成本不高，自动化和智能化程度可以不断提升，能够在短时间内获取大量的数据。缺点是获取的数据良莠不齐，噪音高，需要花大量的时间和精力进行辨别和清洗。第二，从现有的软件和工具获得。大中型企业大多有内部管理软件，例如企业资源计划系统（ERP），客户关系管理软件（CRM）和人力资源管理（HRM）等；小企业可能更多的使用Microsoft的Excel和Access。这一类型的数据质量较高，可以持续地集成到大数据平台，并且能够反映每个企业最真实的状态。缺点是数据量有限，扩展困难。在实际应用过程，通常把以上两种方法配合起来使用，如果数据量不足以支撑深层次的数据挖掘，还需要与管理制度相结合逐渐按照规范充实数据。

在数据收集的过程中，数据科学家有一个强大而有效的武器，那就是爬虫技术（Web Crawler）。网络爬虫又被称为网页蜘蛛或是网络机器人。网络爬虫可以系统性和持续性地从互联网上获取数据。网络爬虫根据其实现技术的不同功能各有强弱。最新的网络爬虫使用了大数据存储和计算技术，完全可以被称为网络巨兽，可以把互联网上的数据鲸吞而下，而且永远不满足，如同传说中的神兽饕餮一般，你所熟知的搜索引擎，例如百度和Google的背后都有一个这样的网络巨兽。

二、数据存储

收集起来的数据该如何存储以备后续使用呢？在大数据时代之前，通常使用关系型数据库进行数据存储，但是现在关系型数据库已经越来越无法满足实际使用的需求。为了面对这些挑战新的数据库技术正不断地被研发出来。总体来说，大数据数据库需要达到三个标准（3H）：

1. 高性能（High Performance）

满足对大规模数据的读写和检索的需求。对于拥有大量用户的互联网应用，满足用户同时访问带来高并发是一个挑战。网络访问如同交通一般，如果大量用户同时访问就类似于上下班的通勤高峰期容易形成交通堵塞。

2. 高存储量（Huge Storage）

满足对海量数据的高效率存储和访问的需求。计算机应用为了把数据保存起来会把数据写入硬盘中，这一过程被称为持久化。互联网上，每时每刻都有大量的数据被写入硬盘保存起来，根据使用场景不同，数据会被保存在硬盘上不同类型的数据库。随着大数据时代的来临，满足大数据使用场景的新型数据库在不断地被创造出来，而且还在不断地改进和优化。数据在不断地增长，而这些数据库像饕餮一样把数据源源不断地吃进去。

3. 高扩展性和高可用性（High Scalability and High Availability）

在大数据时代数据增长的速度往往超出人们的预期，如果数据库在使用一段时间之后达到存储极限之后就需要扩展。现有的大数据技术通常使用集群技术来实现扩展，这样做的好处是会尽量减少对原有业务和架构的影响，与此同时，采用集群的方式可以方便地实现数据分布式存储和冗余机制：把同一数据存储在不同的节点上，即使个别节点的数据损坏，仍然可以通过其他节点得到恢复，以此获得更高的数据可用性和可靠性。

这些新兴的数据库成为了数据科学家手中的重要武器，现在被统称为 NoSQL。之所以被称为 NoSQL，是因为在大数据技术兴起之前，主流的数据库为关系数据库。关系数据库使用结构化查询语言 SQL（Structured Query Language）作为操作语言，因此 SQL 数据库一定程度上也代指关系数据库。在此之后，满足大数据应用场景发展出来的数据库被统称为 NoSQL 数据库（Not Only SQL），以示与传统的关系数据库的区别。虽然被统称为 NoSQL 数据库，但是因为大数据技术的应用场景十分广泛，NoSQL 数据库发展出了不同的类别。到目前为止，NoSQL 数据库主要分为 4 类，分别是键值数据库、列族数据库、文档数据库和图数据库。这些不同的数据库设计理念不同，而且在不同的方面各有长短，可以适用于不同的使用场景。一个好的数据科学家可以把这些数据库包括传统的关系数据库配合起来使用，通过取长补短实现最优化，这一方式在业内被称为混合持久化。

> **延伸阅读**
>
> ### 数据库与混合持久化
>
> NoSQL数据库与混合持久化[①]
>
> 数据库的价值在于持久存储大量数据。在NoSQL出现之前，关系型数据库具有绝对的统治地位，关系型数据库的优势在于提供了一套近乎标准的关系模型，而且还被不同的关系型数据库厂商共同遵守：数据库语言相似而且事务（tansaction）的操作方式也相似。关系型数据库对于事务的支持保证了对数据操作的严格和整个数据库的一致性，即使操作过程中出现差错也可以使用回滚（roll back）这一事务回到之前的数据状态。关系型数据库支撑了信息系统的发展并成为其不可或缺的一部分。
>
> 不过关系型数据库并非没有缺陷。在2000—2009年之间，由于互联网的崛起，数据规模迅速增加促使很多公司必须使用计算机集群来存储数据，但是关系型数据库并不适合构建集群，因为从一开始它就不是为此而设计的。即使一些关系型数据库提供商提供了关系型数据库的集群方案，但这些方案通常都相当昂贵。很大程度上NoSQL的出现就是为了弥补这一缺陷，大部分NoSQL数据库设计的初衷就是为了在集群上运行。
>
> NoSQL数据库的共同特征包括：不使用关系模型、在集群上运行良好、无模式和适合互联网应用场景。NoSQL数据库主要包括了键值数据库、列族数据库、文档数据库和图数据库。
>
> 键值数据库代表：redis、riak、Memcashed、BerkeleyDB等。
>
> 列族数据库代表：Hbase、Cassandra、Amazon SimpleDB、

[①] NoSQL Distilled: A Brief Guide to the Emerging World of Polyglot Persistence, Pramod J. Sadalage and Martin Fowler.

HyperTable等。

文档数据库代表：mongodb、CouchDB、OrientDB、RavenDB等。

图数据库代表：Neo4j、FlockDB、HyperGraphDB、Infinite Graph等。

关系型数据库会因此而消亡吗？不会。因为NoSQL的出现并不是为了替代关系型数据库，而是为了满足互联网环境下多样的使用场景，即使是NoSQL内部不同类型的数据库都有着明显的差别，因此最好的办法就是使用不同的数据库去解决不同的问题，而这就是"混合持久化"的核心思想。以电子商务平台为例，一种可能的解决方案是：使用关系型数据库保存客户的基础数据和产品以及库存的数据；使用键值数据库保存session和购物车数据；使用文档数据库来保持以及完成的订单；使用图数据库来保存客户关系图和产品关系图。

三、数据计算

1. 原理与方法

仅仅实现数据存储是远远不够的，数据的存储与数据计算紧密相连。对数据进行任何的操作都会涉及同一个过程：从数据存储介质中获取目标数据，把读取的数据传送到CPU进行计算，然后CPU把计算的结果数据保存到数据存储介质中。在数据处理的过程中这一过程会不断地反复发生，在日常生活中使用个人电脑的时候因为数据规模有限，所以这一过程的每个步骤在大多数情况下都会在几乎人类感官无法察觉的时间尺度中完成。例如，当你打开日历应用，记录下某个重要事项，然后单击"保存"按钮，在这之后的一瞬间整个计算和存储过程就已经完成了。但是，当数据规模变得越来越大，这一过程的每个步骤所耗费的时间会迅速增加。不同的数据存储介质的读写速度会有很大的差别。即使是固态硬盘现在的数据读取速度可以达到5GB每秒（大约5000MB每秒），要读取一个4TB硬盘的所有数据就需要13分钟，写入数据的速度则会更慢。[1]

---

[1] https://www.intel.com/content/www/us/en/products/memory-storage/solid-state-drives/data-center-ssds/dc-p3608-series/dc-p3608-4tb-aic-20nm.html.

4TB 数据在大数据时代只能算是沧海一粟，但是 13 分钟这个时间尺度对于任何互联网应用而言都是灾难。几乎不会有用户会有如此的耐心，超过 1 秒的等待时间都会影响到用户体验。在计算机发展史上，因为计算机的计算能力有限，很多超前的想法最终都停留在了理论层面没有取得突破。不管是科技层面还是商业层面，获取更大的计算能力长期以来一直是计算机科学的努力方向。虽然，计算机的计算能力一直以来都在提升，但是数据计算的需求也在不断增加，特别是在大数据时代这种需求更是在爆发性地增长。

读者应该已经设身处地地体会到这个难题的本质了：庞大的数据集和计算效率之间的矛盾。我们举一个直观的例子，想象一下，你是一名学校的老师，在一次考试完成之后有 1000 份试卷需要批改，三天之内需要完成，但是一个人每天最多只能批改 100 份试卷，怎么办？一个可能的解决方案就是：把 1000 份试卷分派给 10 名老师，每人 100 份，一天的时间可以把所有的试卷批改完成。第二天花少量的时间就可以把所有的试卷汇总，还会有余下的时间休息。

让我们把这个问题抽象并简化为计算机领域的问题：数据规模和时间限制明确的情况下，如何满足计算的需求？要实现这一目标唯有提供更多的资源，例如：一台计算机无法完成，需要计算机集群来完成（对应上面例子中的人数增加）。通过增加计算资源来满足时间限制被证明是一个行之有效的办法，毕竟计算机的价格越来越便宜，这一点正是摩尔定律的反映。

这个解决问题方案的核心是把一个大的任务分解成为多个可并行解决的小任务来执行，在每个小任务完成之后再进行汇总。把小的任务进行汇总会产生额外的负担和时间消耗，但是相比于在处理巨大数据集时分布与并行运算所节约的时间，这样的消耗已经显得微不足道。

这个解决方案的本质是用空间换时间。

到目前为止，这个方法是不是听起来还不错，剩下来的问题是，如何让这些计算机有条不紊地的分工协作？MapReduce 就是为解决这个问题而生的。MapReduece 的理论最开始由 Google 研发人员 Jeffrey Dean 和 Sanjay Ghemawat 在论文《MapReduce: Simplified Data Processing on large Clusters》（MapReduce: 在大型计算机集群上的简化数据处理）中阐述。[①] 文中提到 MapReduce 思想的灵

---

① Dean, Jeffrey, and Sanjay Ghemawat. "MapReduce: Simplified Data Processing on Large Clusters." Communications of the ACM 51.1 (2008): 107.

感来源于函数式计算机语言的内置函数 Map（映射）和 Reduce（规约）。

我们还是以上面提到的试卷批改的例子来说明 MapReduce 的工作原理。如果要从这 1000 份试卷中统计出及格的人数，按照 MapReduce 的思想可以把 1000 份试卷平均分给 10 位老师，这 10 位老师在 MapReduce 的理论中称为 mapper。每个 mapper 找到自己试卷中的及格人数并告诉给另一组老师，这一组称为 reducer，reducer 把得到的各个组的及格人数进行相加后得到这 1000 份试卷中总的及格人数。除了 mapper 和 reducer 之外，还有主管（main 或者 master node）会管理 mapper 和 reducer 之间的协作。你会发现，在正常情况下，增加 mapper 和 reducer 的数量会加快任务完成的效率。事实上我们的大数据处理就是按照这个原理来操作的。下面介绍的这些计算平台就是这一原理的具体实现，对于数据科学家来说这是必不可少的武器。

2. Apache Hadoop

Hadoop 是 MapReduce 思想的软件实现，而且是开源免费的。Hadoop 是隶属于 Apache 基金会的项目，由 Java 语言编写。Hadoop 不仅实现了 MapReduce 的分布式计算，而且还自带分布式文件系统 HDFS（Hadoop Distributed File System）。通过 Hadoop 可以方便地对计算机集群进行管理和协调，来进行分布式计算，同时对数据进行有效的存储，而且开发者不需要涉及分布式底层的细节。因为这一系列的优点，Hadoop 在业界得到了广泛的应用。

Hadoop 诞生于 2006 年，最开始是搜索引擎项目 Apache Nutch 的子项目，但很快同年就作为了一个单独的项目独立了出来，Yahoo 最先应用和部署了 Hadoop 计算机集群，并对 Hadoop 进行了持续的优化，发展出众多的子项目，使 Hadoop 成为了一个越来越完善和强大的系统。在 2008 年 6 月，Yahoo 的一个 Hadoop 集群赢得了太字节（TeraByte）排序竞赛的冠军，以 209 秒的成绩创造了当时新的世界纪录，这是有史以来第一次开源项目，也是第一次 Java 项目获此殊荣，Hadoop 一战成名，在业界得到了广泛的应用，很长一段时间内 Hadoop 甚至成为了大数据平台的代名词。

Hadoop 这个名字有些特立独行，既不是现有的英文单词，也不是单词的缩写，而是虚构的。Hadoop 项目的创建者——Doug Cutting 从他的孩子那里"窃取"了这个名字。他的孩子给一个棕黄色大象玩具命名为 Hadoop，Doug Cutting 就借用了这个名字命名了自己的"玩具"。毕竟 Doug Cutting 创建了 Lucene、Nutch 和 Hadoop 等深刻改变了我们世界的项目，有时候有点小调皮也无可厚非。

Hadoop 已经发展成为了具有多个子项目的生态系统，但其核心一直是 HDFS 和 MapReduce。HDFS 实现数据的存储，而 MapReduce 实现对数据的计算和处理。HDFS 可以存储超大规模 PB 级的文件，这些文件的大小甚至超过通常的单一存储介质的容量。HDFS 会把超大规模文件切分成一个个数据块（block），然后把数据块保存到不同的磁盘上。这样既降低了对存储介质的要求，也提升了容错能力。Hadoop 会协调 HDFS 和 MapReduce 之间的工作能够在 HDFS 存储数据的节点上运行 map 任务，使计算在本地进行。各个节点 mapper 的计算结果汇总到 reduce 端。Reduce 计算之后最终结果再通过 HDFS 进行存储。

3. Apache Spark

Spark 在 2009 年诞生于伯克利大学的 AMP 实验室（University of California Berkeley's AMP Lab）。2010 成为开源项目，并于 2013 年被捐献给 Apache 软件基金会。虽然是后起之秀，但相比于 Apache Hadoop，Apache Spark 有几个方面的优势。

首先，快速。所谓"天下武功，唯快不破"，在大数据时代更快的数据处理速度无疑是所有大数据平台都在不断追求的力量源泉。Apache Spark 的口号是闪电般迅速的集群运算，因为能够更好地使用内存和磁盘，Apache Spark 的处理速度可以比 Apache Hadoop 快 10 倍到 100 倍。然后，易用，Apache Spark 虽然是用 Scala 编写，但是可以用 Scala 语言，Pyhton 语言和 Java 语言，甚至是 R 语言进行操作。数据算法的编写一直是 Python 语言和 R 语言的传统领地，Apache Spark 能够进行多语言的灵活兼容无疑为数据科学家进行算法编写和测试提供了极大的方便。最后，通用，Apache Spark 搭建集群既能够独立完成，又能够通过 Apache Hadoop Yarn 或是 Apache Mesos 来实现。"有容乃大"，良好的兼容性让 Apache Spark 快速崛起。

Apache Hadoop 和 Apache Spark 是目前最有代表性和使用最广泛的大数据平台，作为 Apache 旗下的同门师兄弟，二者有着激烈的竞争，同时还面临着其他挑战，比如 Apache Storm 和 Cloudera 为代表的商业非开源的大数据平台等。大数据领域的技术革新是风起云涌只争朝夕，正所谓"天下风云出我辈，一入江湖岁月催"。

大数据技术提供了可以持续升级和扩大的计算能力,这也是大数据技术通常和云计算相提并论的原因所在。大数据技术和云计算是大规模数据处理和分析的基础设施,接下来的问题是要怎样进行数据处理与分析,以及这样做的意义何在。

四、大数据与云计算

上文中提到的这些大数据技术是进行海量异构数据存储和计算的必备工具。大数据平台的硬件和软件系统的搭建和运维都需要不菲的投入,因此大数据平台最开始是在有着分析和存储超大规模数据刚性需求的科技公司内部得到实现并且不断地成熟。随着数据存储和计算需求的不断增加,自然就会产生供应去满足这些需求,这就是云计算(Cloud Computing)。云计算的主要供应商正是这些大型科技公司。因此,云计算不仅是技术,更是商业模式;云计算不仅是平台,更是服务。美国国家标准与技术研究院(National Institute of Standards and Technology,NIST)对云计算的定义为:云计算是一种按使用量付费的模式,这种模式提供可用的、便捷的、按需的网络访问,进入可配置的计算资源共享池(资源包括网络,服务器,存储,应用软件,服务),这些资源能够被快速提供,只需投入很少的管理工作,或与服务供应商进行很少的交互。[1](Cloud computing is a model for enabling convenient, on-demand network access to a shared pool of configurable computing resources (e.g., networks, servers, storage, applications, and services) that can be rapidly provisioned and released with minimal management effort or service provider interaction.)云计算本质上是商业化的计算资源供应,可以使不懂相关技术的人也能够方便使用计算资源,而且云计算可以对计算需求进行统一管理,对资源进行优化配置,实现统筹上的最优,尽可能地避免浪费。就如同电能一样,我们每天都使用电能带来的便利,但是并不需要自己使用发电机去发电,而且也不需要明白这背后的技术细节:电能是如何从其他能源转化而来之后又是如何传输到每家每户的。

那么,大数据与云计算又是什么关系呢?微软的一位副总裁解释说:"大数

---

[1] Badger, Lee, et al. "Draft cloud computing synopsis and recommendations." Recommendations of the National Institute of Standards and Technology (2011).

据"与"云计算"就像一枚钢镚的两个面,二者相辅相成。大数据相当于储有海量信息的信息库;"云计算"相当于计算机和操作系统。如果没有"大数据"的信息积淀,"云计算"的能力再强大,也没有用武之地。大数据与"云计算"二者结合起来,能够给世界带来一场深刻的管理技术革命与社会治理革命,当然,人力资源管理也包括在内。

第二节 大数据与人工智能

在大数据时代,在巨大的数据量和计算能力的支持下,计算机应用正变得越来越智能化,而且在我们日常的语境中,大数据还和人工智能频繁地共同出现、大秀恩爱。要理解大数据智能化的本质,需要对人工智能有必要的了解。人工智能的历史比大数据要久远得多,理解了什么是人工智能之后,才能真正理解大数据的未来。

一、人工智能简史

人工智能的诞生可以一直追溯到1956年夏天在达特茅斯学院举行的达特茅斯会议。这被命名为"人工智能夏季研讨会"(Summer Project on Artificial Intelligence)的会议上第一次正式提出了人工智能这个概念。这次会议标志着人工智能作为计算机科学一个独立的重要分支而载入史册,会议的发起和参加者更是群英荟萃,人工智能这个学科从诞生之始就像磁铁一样不断吸引着处于人类智慧巅峰的人物。参加会议的10位学者包括:

约翰·麦卡锡(John McCarthy)

马文·明斯基(Mavin Minsky)

克劳德·香农(Claude Shannon)

奥利弗·赛弗里奇(Oliver Selfridge)

赫伯特·西蒙(Herbert Simon)

艾伦·纽维尔（Alan Newell）

亚瑟·塞缪尔（Arthur Samuel）

雷·所罗门诺夫（Ray Solomonoff）

纳撒尼尔·罗切斯特（Nathaniel Rochester）

特伦查德·摩尔（Trenchard More）

这些学者至少是当时人工智能领域的半壁江山，极大地影响了人工智能的后续发展。会议的主要组织者约翰·麦卡锡（John McCarthy）和马文·明斯基（Mavin Minsky）被称为人工智能之父，并且联合建立了麻省理工学院人工智能实验室（首个人工智能实验室），其中麦卡锡是 Lisp 语言和计算机分时概念（time-sharing）的发明者，图灵奖得主；明斯基（Mavin Minsky）是框架理论（Frame Theory）的创始人，虚拟现实的先驱，第一位获得图灵奖的人工智能学者。会议的参与者中，克劳德·香农（Claude Shannon）是信息论的创始人，信息熵概念的创造者；奥利弗·赛弗里奇（Oliver Selfridge）被称为机器感知之父（Father of Machine Perception），模式识别的奠基人；艾伦·纽维尔（Alan Newell）和赫伯特·西蒙（Herbert Simon）试图用计算机模拟人类的心智（mind），在人工智能中自成一派，而且还推动了认知心理学（Cognitive Psychology）的发展，二人囊括了包括图灵奖在内的计算机领域所有重量级奖项，郝伯特·西蒙还是诺贝尔经济学奖得主；亚瑟·塞缪尔（Arthur Samuel）提出了机器学习（Machine Learning）的概念，并且开发了世界上第一个自我学习的计算机程序，推动机器学习成为人工智能的第一个重要分支；雷·所罗门诺夫（Ray Solomonoff）是算法概率理论（Algorithmic Probability Theory）的奠基人，算法概率（Algorithmic Probability）概念的创造者。

人工智能诞生后的第一件事应该是回答人工智能是什么？在这次会议上，人工智能先驱们把人工智能定义为："让机器的行为看起来就像是人所表现出的智能行为一样。"（Every aspect of learning or any other feature of intelligence can in principle be so precisely described that a machine can be made to stimulate it.）这个定义本身仍然是模糊的，这也正是人工智能复杂性的体现，要给人工智能一个严格而又精确的定义实在是太难了。

在人工智能的发展过程中，该领域中的学者根据自己理解给出各自的定义，归纳起来有两个维度、四种具有代表性的定义。这两个维度分别是智能的标准和智能的体现。①

所谓智能的标准是如何划定智能与非智能的边界,智能的标准分为两类:以人类(humanly)智能为标准和以合理的(rational)逻辑为标准。以人类智能为标准就是把人类自身作为参照,而另一种则是以理想的合理逻辑作为参照。所谓智能的体现是智能表现出的功能和功效,智能的体现也分为两类:思考和行为。

这两个维度的排列组合形成了四种人工智能的定义:

像人一样行动(Acting Humanly),雷·库兹韦尔(Ray Kurzweil)提出:"人工智能是创造具有一定功能机器的技艺,当人类来执行这些功能的时候需要智能。"(The art of creating machines that perform functions that require intelligence when performed by people.)

像人一样思考(Thinking Humanly),理查德·贝尔曼(Richard Bellman)提出:"(人工智能)是与人类思维相关的活动,诸如决策、问题求解、学习等活动(的自动化)。"[(The automation of) activities that we associate with human thinking, activities such as decision making, problem solving, learning...]

合理的行动(Acting Rationally),乔治·鲁格尔(George Luger)和威廉·斯塔布菲尔德(William Stubblefield)提出:"作为计算机科学的一个分支,人工智能研究的是自动化的智能行为。"(The branch of computer science that is concerned with the automation of intelligent behavior.)

合理的思考(Thinking Rationally),帕特里克·温斯顿(Patrick Winston)提出:"(人工智能)是使感知、推理和行为成为可能的计算的研究。"(The study of the computations that make it possible to percetive, reason and act.)

> **图灵与图灵测试**
>
> 延伸阅读
>
> Alan Turing是著名的数学家、逻辑学家和计算机科学家,被称为计算机科学之父和人工智能之父(在人工智能领域,John McCarthy和Mavin Minsky也被称为人工智能之父。Alan Turing完成了初创性的理论工作,但遗憾的是Turing并没有看到人工智能诞生便离开了人世。笔者认为在人工智能领域中Turing的地位更类似于祖

---

① Artificial Intelligence: A modern approach, Prentice Hall, 2009:1-5.

父）。1936年，Turing发表了一篇极为重要的论文《论数字计算在决断问题中的应用》（*On Computable Numbers, with an Application to the Entscheidungs Problem*）。在这篇文章中，Turing提出了一种假想的机器，后来称为图灵机（Turing Machine），John von Neumann（冯·诺依曼）认为现代计算机的核心概念便来自于Turing的这一工作。在"二战"期间，Turing帮助盟军破解了纳粹德国的密码使战争得以提前结束。1950年，Turing在Mind杂志上发表了另外一篇极为重要的论文《计算机器与智能》（*Computing Machinery and Intelligence*），文中Turing对"机器能否思考？"这一问题展开了论述并提出了对机器是否智能进行测试的方法——后来被称之为图灵测试（Turing Test）。这一论文被认为是人工智能的起源。1952年，Turing因为同性恋而被审判。1954年，Turing被发现死于家中，被警方认定为自杀。为了纪念Turing，1966年计算机协会（Association of Computing Machinery，ACM）设置了计算机领域的最高奖项图灵奖（Turing Award），图灵奖被认为是计算机领域的诺贝尔奖。

图灵测试是Turing在1950年提出的用于测试机器智能水平的方法。图灵测试的具体过程是：两个测试对象分别是机器（A）和能够正常思维的人（B），测试者是一个正常思维的人（C），C无法看见A和B，也与A和B没有物理接触。C用A和B都能理解的语言询问A和B一系列的问题，信息的传递通过文本而不是语音的方式。经过若干轮的询问，如果C无法分辨出A和B之中哪一个是机器，哪一个是人类，则A通过图灵测试。现在大众所熟知的图灵测试则是Turing在1952年接受BBC采访时提出的版本。在这个版本中，C是一组人，如果C中有30%的人无法分辨出A和B之中哪一个是人类，哪一个是机器，则A通过了图灵测试。

从图灵测试被提出来，就不断地有人工智能进行挑战，也有研究团队声称其研发的人工智能通过了图灵测试，但是这些挑战成功的测试最终的结果都有争议。因为测试的结果会受到测试设置的影响而难以保证客观性：例如测试者C由什么样的人构成，测试者C提出了什么样的问题都会影响测试结果。

因为图灵测试的这种灵活性和现阶段人工智能的发展水平使"××人工智能通过图灵测试"这一说法不具有现实意义；或者说因为现阶段人工智能和人类智能之间的差距，我们只需要提高图灵测试内容的难度就一定不会有人工智能通过图灵测试。现实中应用的反向图灵测试正是利用了这一点。所谓反向图灵测试不是判断对方是不是人工智能，而是判断对方是不是人类，最典型的例子就是认证码。设置认证码的目的就是为了识别用户是人类还是人工智能程序并把人工智能程序屏蔽掉。读者可能会有直观的感受是认证码变得越来越复杂了，从之前简单的数字和字母变成了复杂的图像识别，12306火车的购票系统在春运期间的复杂程度还引发了网友的吐槽。这正是因为随着人工智能的发展，之前验证码已经不足以把人工智能屏蔽掉，所以测试难度升高之后才能把人类和人工智能区别开来。

仅仅从人工智能的定义我们就能直观地感受到人工智能是一个广阔而又复杂的领域。对应于这四种定义的研究都是属于人工智能领域，但是因为定义不一样，实现人工智能的思想、方法、难度和所需要的资源大相径庭，因此形成了不同的人工智能流派。关于人工智能有多少个流派都有不同的见解，在此仅对人工智能领域最著名的符号主义流派和连接主义流派进行简要介绍。

符号主义（Syllogisms），又称逻辑主义（Logicism）。数学和物理学的发展遵循着公理体系的范式：即以公理和定律为基础，通过逻辑推导出理论体系。符号主义采用了类似的方式来构建人工智能的理论体系，整个理论的基础是纽维尔（Newell）和西蒙（Simon）提出的物理符号系统假设（Physical Symbol System Hypothesis）："物理符号系统是普遍智能的充分必要条件。"该学派认为人和计算机都是物理符号系统，信息经过处理之后形成知识，同时知识又是智能的基础，知识的表达、推理和运用是智能的关键，通过把知识用符号表示，认知的过程就是符号处理的过程，其中的推理即通过逻辑和搜索对问题进行求解。因此符号主义是通过计算机科学和心理学方法在宏观上对人脑功能进行模拟。这一学派成功应用的代表是专家系统，专家系统存储有大量的专业知识和经验并通过模拟人类专家的决策过程来解决需要人类专家处理的复杂问题。这一派的代表人物是艾伦·纽维尔（Alan Newell）、赫伯特·西蒙（Herbert Simon）和 Nils John Nilsson。

连接主义（Connectionism），又称仿生学派（Bionicsism）。相比于符号主义对人脑功能的模拟，连接主义通过对人脑的物理和生物结构进行模拟来实现人工智能。人脑智能的生理基础是神经网络，因此连接主义开始于对神经元的模拟。早在 1943 年，Warren McCulloch 和 Walter Pitts 建立了神经元的数学模型，即 MP 模型，开启了"神经计算"的新时代。该学派认为人脑思维过程是神经元相互作用的过程，并通过大量非线性的处理器来模拟人脑中的神经元，这些模拟神经元通过复杂的连接关系形成人工神经网络。经过几十年的发展，连接主义不断获得完善也越来越复杂，从模拟单个神经元，到单层神经网络，到两层神经网络，到多层神经网络，再到深度学习。神经网络最有名应用案件就是大家耳熟能详的 AlphaGo。

历史上，符号主义学派和连接主义学派有着长期的论战和对立，相爱相杀几十年，现在回过头来审视这段历史我们会发现虽然两个学派各有缺陷引起相互批判，但两个学派的理论是兼容的，是从不同的方向接近真理，而且人工智能仍然具有巨大的发展空间，远未成熟，每个学派都只是完成的整个图像的一部分。大脑为什么会形成智能，人脑为什么会有远超其他动物大脑的智能？这些问题到目前为止我们仍然没有答案，因此人工智能所要模拟的人脑或者合理的逻辑本身对人类来说都是未解之谜。两个学派对功能的模拟和对结构的模拟都是人工智能知识版图上有限的拼图，这些有限知识之外仍然有巨大的未知等待着去开拓。

二、机器学习：AI 的瑞士军刀

机器学习是人工智能的一个重要分支，或者说机器学习是实现人工智能的一种可能的方式。机器学习是对英文 Machine Learning 的直译。这里的 Machine 指的是计算机，而这里的"学习"描叙的是这样的一个过程：用数据对计算机进行训练，计算机用获得的经验进而分析其他数据并得出结论。这和人类的学习过程非常类似，人类通过听课和做习题获得经验然后在考试中解决类似的问题，本质上都是举一反三。

机器学习的历史要略短于人工智能。在1959年，参加了1956年达特茅斯会议的 Arthur Samuel 发表了《利用西洋跳棋的机器学习研究》（*Some Studies in Machine Learning Using the Game of Checkers*），[①]标志着机器学习的诞生。相比于人工智能的高大上，机器学习这个名字显得有点笨拙，因为在20世纪50年代，计算机大到需要好几间屋子才能装得下，人们把这个大东西称之为机器是再正常不过的事情，而在今天的科技环境下我们已经在潜意识中把越来越智能的计算机从其他机器中分离了出来。

Arthur Samuel 在当时做了两件重要的事情，首先是提出了机器学习的概念：在不直接针对问题进行编程的情况下，赋予计算机学习能力的一个领域。其次，Samuel 编写了一套西洋跳棋的程序，然后让这个程序自己和自己下棋并进行学习，最后这个程序的棋艺超过了 Samuel。这个情节是不是听着耳熟，在计算机诞生之后人类就一直在尝试让计算机学习各种棋类来挑战人类（Board Games AI）。计算机逐渐在各种棋类方面胜过人类，围棋作为最复杂的棋类，长期以来人类相比于计算机一直处于优势地位，但从2016年开始这种状态发生了改变，先是人工智能 AlphaGo 打败了韩国高手李世石，之后 AlphaGo 的升级版在2017年打败了围棋世界排名第一的柯洁。至此，理论上在任何棋类的人类和人工智能比赛中，人工智能都会更占优势。

人工智能既包括了形而上的哲学思考，也包括了形而下的具体方法——机器学习。机器学习包含了大量的具体算法模型，通过这些算法模型我们可以让计算机通过学习完成特定的任务，例如上面提到的：学习下围棋并尽可能地战胜对手。机器学习有着非常广泛的应用，包括我们熟知的用户行为分析、推荐系统、文本过滤等。以推荐系统为例，推荐系统是通过用户的历史数据来判断用户的喜好和预测用户需求，推荐系统随着互联网2.0时代的崛起变得越来越受欢迎，电商网站、交友网站、新闻网站等现在都在使用推荐系统。

传统的机器学习算法主要分为两类：监督学习（Superivesed Learning）和非监督学习（Unsupervised Learning）。随着机器学习的不断发展，还出现了介于两者之间的半监督学习（Semi-superived Learning），在此不作深入展开；广义的机器学习还包括具有控制科学血统的强化学习（Reinforcement Learning）。

---

① Samuel, Arthur L. "Some studies in machine learning using the game of checkers." IBM Journal of research and development 44.1.2 (2000): 206-226.

监督学习和非监督学习的区别在于，监督学习的训练数据不仅有输入数据，而且有输出的目标值，而非监督学习没有目标值。一个直观的理解就是监督学习不仅有问题，而且有答案，因此学习的效果可以比照答案进行修正，而非监督学习只有问题没有答案，是开放性问题，更有可能从数据中发现意想不到的信息。

监督学习的主要任务包括分类（Classification）和回归（Regression）。分类是把数据划分到合适的类别中。常用的分类算法包括K-近邻算法（kNN）、朴素贝叶斯算法（Naive Bayesian Classification）、支持向量机（Support Vector Machine）、决策树（Decision Tree）算法和人工神经网络（Artificial Neural Network，ANN）等；以及由其他算法之上构建的集成方法：Bagging 和 Boosting 是集成方法中得到广泛应用的两种方式。回归是根据输入的数值型数据进行预测。回归算法包括线性回归、岭回归和 lasso 回归等。监督学习本质上是计算机通过训练来获得经验进而进行预测，分类是对类别进行预测，而回归是对数值进行预测。

非监督学习的主要任务是聚类（Clustering）、降维处理（Dimensionality Reduction）和关联分析（Association Analysis）。聚类是把数据根据特征分成不同的类别，同一类别的数据具有相似的特征，常用的聚类算法有 K-MEANS。常用的关联分析有 Apriori 和 FP-growth 算法。聚类本质上发现数据中蕴含的规律，这些规律反映的是客观事实，因此就没有所谓的正确或者错误之分；在机器学习实际应用过程中如果描述样本的特征数量过于巨大，例如上万个甚至百万个特征，解决问题的难度会大大增加，这就是所谓的维度灾难（Curse of Dimenstionality），降维处理就是解决这个问题的一种方法。

强化学习（Reinforcement Learning）是一种非常类似于生物学习过程的机器学习方法，与前面两类有所不同。强化学习的因素包括进行学习的对象（Agent），环境（Environment）和对象状态（Agent States），对象的动作（Actions）和反馈（Reward）。简单说来就是在与环境交互的过程中，对象完成动作，据此给予对象反馈——奖励或者惩罚，通过这个过程来使对象进行学习。这个过程和人类训练宠物的方式非常类似，这就是为什么说这是一个非常类似于生物学习过程的方法。

到目前为止，相比于其他机器学习分支，非监督学习面临着更多的挑战。机器学习的著名科学家、纽约大学教授、Facebook 人工智能实验室负责人 Yan

LeCun 这样描述人工智能的状态：如果把"智能"比作一块蛋糕，强化学习就是蛋糕上的一粒樱桃，而监督学习是蛋糕外的一层糖霜，但无监督学习才是蛋糕本身。目前我们只知道制作糖霜和樱桃，却不知道如何做蛋糕。

图 2-1 展示了不同的机器学习算法的发展算法和受欢迎的程度。现阶段，最主流的算法分别是深度学习、支持向量机和集成算法，其中集成方法包括了随机森林算法（Random Forests）和自适应提升算法（Adaboost）。我们将分别对这三个类别的算法进行介绍；对于非监督学习我们简要介绍相对简单而又使用广泛的关联分析。

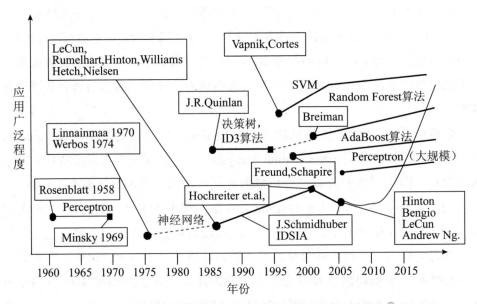

图 2-1　不同的机器学习算法的发展趋势和受欢迎的程度①

人机大战——Board Games AI

延伸阅读

人工智能在棋类上的应用一直是人工智能发展的试金石，公开的人机较量能让大众直观地了解到人工智能的发展水平，而且一直以来人机大战作为最前沿科技应用的直观体现都产生了巨大的轰动效应。其中最为著名的人机对决分别是1997年Deepblue（深蓝）战

---

① http://www.erogol.com/brief-history-machine-learning.

胜国际象棋王卡斯帕罗夫和AlphaGo挑战人类顶尖棋手。[①]

深蓝是由IBM建造的超级计算机，在1996年初次交锋中卡斯帕罗夫击败了深蓝，但是在一年后的第二次交锋中升级版的深蓝击败了卡斯帕罗夫，宣告在国际象棋领域人类的落败。不过这次人工智能的胜利并没有被认为是人类在棋类上的落败，因为在比国际象棋复杂得多的围棋领域人类有着绝对的优势。

这种情况一直持续了20年，在这20年间计算机的计算能力和人工智能的算法都发生了翻天覆地的变化。谷歌公司开发的AlphaGo分别在2016年战胜了李世石，在2017年战胜了柯洁。把这些比赛单纯理解为人工智能战胜人类似乎并不准确，或者应该说是人工智能专家通过人工智能科技战胜了棋类方面的顶尖高手。这一事件最大意义应该是让公众认识到人工智能应用于各个领域的巨大潜力和即将引起的深刻变化。

三、探索与取舍：完美的算法在哪里

"My CPU is a nerual-net processor, a learning computer."

——T800_ Terminator2：Judgment Day

在电影《终结者2：审判日》中，阿诺·施瓦辛格饰演的终结者T800说了上面一段话："我的CPU是神经网络处理器，一个会学习的计算机。"如果未来真的会出现终结者的话，其CPU确实很有可能就是神经网络处理器，因为人工神经网络是目前机器学习中最先进和最前沿的算法之一。横扫四方的AlphaGo的核心算法就是由人工神经网络的深度学习算法和强化学习相结合。人工神经网络的发展是人工智能发展的一条主线，很大程度上人工神经网络的兴衰历史代表了人工智能的发展历程。人工神经网络的发展以大致10年为一个阶段，其间经历了多次的起起伏伏。

在19世纪晚期，西班牙解剖学家Santiago Ramóny Cajal发现了神经元是构成神经系统的基本功能单元；半个世纪之后，1943年McCulloch和Pitts模拟生

---

① Campbell, A.J. Hoane Jr., F. Hsu, Artificial Intelligence 134, 57 (2002).

物神经元提出了 MP 模型。即使在人工智能这个智商爆表的领域，Pitts 也是公认的天才，Pitts 在 12 岁的时候在图书馆用 3 天时间自学了罗素的《数学原理》，而且把书中的问题写信告诉了罗素，罗素意识到 Pitts 是个难得的人才，便邀请 Pitts 到英国跟随自己学习，但是因为家境贫寒 Pitts 未能成行。Pitts 15 岁的时候罗素正好到芝加哥大学任教，Pitts 得知后便离家出走到芝加哥见到了罗素开启了自己的学术生涯。1949 年 Donald Olding Hebb 在他的经典著作《组织行为学》(*The Organization of Behavior*) 中提出了著名的 Hebb 定律（Hebbian Theory）。Hebb 定律简单来说就是：人类或者动物的神经系统在感知环境信息并作出反馈时，在大脑的生理层面是通过改变神经元突触的连接方式实现的。这一系列的工作为构建人工神经网络提供了理论基础。

在 1956 年达特茅斯会议之前，关注这个问题的研究者就已经事实上分成了符号主义和连接主义两个派别，在当时的会议上符号主义是主导，与会的学者也主要是符号主义学派。但是事情很快就发生了变化，1958 年计算机学家 Frank Rosenblatt 发明了由两层神经元组成的神经网络并命名为感知器（Perceptron）。Perceptron 是首个可以学习人工神经网络，可以学习识别简单的图像。这在当时引起了巨大的关注，紧接着人工神经网络的研究获得了大量的资金支持，许多学者纷纷加入这个领域，这次热潮持续了大概十年之久。

但是由于公众对人工神经网络的期望值过高，而忽略了当时科技发展的局限性。Perceptron 由两层神经元构成，其中计算层只有一层。以计算层划分，Perceptron 只能算是单层神经网络，只能完成简单的线性分类任务。上文中提到的 Minsky 由人工神经网络的支持者转变成为了批判者，在 1969 年出版的著作《感知器：计算几何学引论》(*Perceptron: An Introduction to Computational Geometry*) 中，他用数学严格地论证了 Perceptron 的局限性，而且 Perceptron 智能化水平与人们的期望相去甚远，甚至不能完成异或（XOR）这种基本的逻辑运算。Minsky 还认为如果把计算层的数量进行增加会导致计算量过大，而且没有成熟的算法去实现，因此进行深层的人工神经网络研究是没有意义的。虽然 Minsky 对深层神经网络的观点被后来的事实证明是错误的，但由于 Minsky 在人工智能领域有着巨大的影响力，这本著作的出版直接导致了人工神经网络研究的第一次寒冬（AI Winter）。

这个人工智能的冬天一直持续到了 1982 年，物理学家 John Hopfield 发明了一种新的神经网络并以他的名字命名为 Hopfield 神经网络。这一发现重新激发了很多研究者对人工神经网络的热情，1986 年，心理学家 David Rumelhart、心理学家 James McClelland 和计算机学家 Geoffery Hinton 提出了神经网络反向传播（Back Propagation，BP）算法，之前 Minsky 质疑神经网络的计算量，而这一算法在之前的包括一个输入层和一个输出层的神经网络中加入了一个隐藏层（Hidden Layer），这一改进解决了之前 Perceptron 面临的异或（XOR）难题而且还可以满足两层神经网络所需的计算量（这里的两层神经网络有两个计算层，神经网络共有三层）。之前的单层人工神经网络只能完成线性分类，而双层的人工神经网络可以完成非线性分类，有了这一关键进步，人工神经网络已经可以应用在分类、预测和图像识别等方面了。

但是 BP 算法加持的双层人工神经网络仍然需要当时看来不菲的计算资源，训练周期比较久，参数的调节也不是很方便，这使得人工神经网络在 20 世纪 90 年代与支持向量机（Support Vector Machine，SVM）的竞争中处于下风。支持向量机的最初理论由 Vladimir Vapnik 和 Alexey Chervonenkis 在 1963 年完成；1992 年，Bernhard Boser，Isabella Guyon 和 Vladimir Vapnik 通过核函数对支持向量机进行了优化；到 1995 年，Corinna Cortes 和 Vladimir Vapnik 完成并发表了标准的支持向量机。支持向量机可以工作在小规模数据上，而且具有高效和不用调参等方面的优点。例如在识别手写邮政编码的应用上，支持向量机的正确率长期保持着领先。因此支持向量机成为了当时的主流算法，人工神经网络的研究再一次陷入低潮。

在第二次人工神经网络低潮期间仍然有一些学者坚持人工神经网络方面的研究，这一份坚持最终迎来了人工神经网络质的飞跃，正是所谓：念念不忘，必有回响。在再次沉寂了 10～15 年之后，在巨量的数据和计算能力的支持下，人工神经网络以一种新的形式再次归来。上文中提到的 Geoffery Hinton 在 2006 年提出了深度信念网络（Deep Belief Network，DBN）。与之前两层 BP 神经网络不同的是，深度信念网络通过非监督的预训练（Pre-training）使神经网络有一个较优的初始权重，然后通过监督的微调（Fine-tuning）来对整个网络进行优化训练。训练神经网络的难度和所需的计算量随着神经网络的层数增加而递增，在这里一种新的策略被采用了。首先用非监督的方式训练两层神经网络，然后再添加一层网络，并用已有的神经网络对新的网络进行训练，以此类推逐层推进。应用这个策略可以训练出比之前层次要深得多的神经网络，这就是被称为深度学习（Deep

Learning）的原因。深度学习这一训练过程与人类大脑的认知过程非常类似，人类大脑的学习过程也是层次化的。人类大脑会先学习具象化的概念，然后才能学习抽象化的概念，最后才是抽象概念之间的相互关系，例如人类学习数学的过程从最简单的算术开始，之后是复杂的四则运算、抽象化的代数，最后才能学习更复杂的矩阵运算。

深度学习取得突破后便开始在语音识别方面攻城略地，真正让业界刮目相看的是在2012年，Geoffery Hinton 的团队参加了大规模视觉识别挑战（Large Scale Visual Recognition Challenge，LSVRC）。挑战中要对 ImageNet 数据库中数百万张图片进行识别，Geoffery 的团队取得了84%正确率的好成绩，比第二名领先了至少10个百分点。很快，大量的研究机构和顶尖科技公司都参与到深度学习的研究和应用中，并不断地取得新的突破，深度学习成为人工智能的主流方向。紧接着，AlphaGo 的成功让世人认识到 AI 已经发生质的飞跃（the Great AI Aweakening）。深度学习因为其普适性、扩展性和高度智能化的潜力成为了解决高度复杂和具有挑战性的机器学习问题的首选，而且越是困难的问题深度学习越有优势，只有在数据量十分有限和已有非常成熟的解决方法的情况下才会选择其他方法。因此，深度学习已经成为数据科学家弹药库中必备的重型武器。

回顾人工神经网络的发展，期间经历了两次冰河期，可谓是山重水复疑无路，柳暗花明又一村。读者可能不禁要问：深度学习会不会在数年之后进入新的冰河期？人工神经网络在发展过程中经历了从单层（计算层）神经网络到双层神经网络再到多层神经网络的两次飞跃，两次冰河期分别是这两次飞跃过程中所遭遇的挫折。根据中国传统哲学中的道家思想：道生一，一生二，二生三，三生万物。现在正是处在三生万物的阶段。从技术角度解释就是，只要有足够的数据和计算能力做支持，我们可以通过增加神经网络的"深度"让其变得更"聪明"，从而解决更加困难的问题。如今不管是对神经网络进行训练的数据量，还是计算机的计算能力都已经不是问题，而且深度学习的科研投入和商业应用已经形成良性循环。因此，不管是进行语音识别、图像识别，还是学习下围棋，或者是学习驾驶汽车，这一切都在成为现实。人工智能的应用方兴未艾，不过人工智能未必会在短时间内达到公众预期的智能化水平，对于这一点将在下文中人工智能的未来部分展开探讨。

1. 支持向量机

支持向量机（Support Vector Machine，SVM）与人工神经网络有很深的渊源。二者都是从 Perceptron（感知机）发展而来。1963 年，Vladimir N. Vapnik 和 Alexey Ya. Chervonenkis 发明了支持向量机最初的算法；1992 年，Bernhard E. Boser、Isabelle M. Guyon 和 Vladimir N. Vapnik 运用核函数使支持向量机能够进行非线性分类。[①] 当时 Vapnik 在贝尔实验室工作，而且和上文中提到的 Yann Lecun 是同事，Yann Lecun 正致力于应用卷积神经网络进行图像识别，二人经常针对人工神经网络和支持向量机的优劣问题进行争论。Yann Lecun 认为支持向量机本质上等价于两层神经网络。原理上确实如此，不过因为当时支持向量机的理论体系更加完备，而且应用的效果更好，所以成为了主流，当然后来的深度学习成熟后在很多应用场景实现了反超。

支持向量机的厉害之处在于可以把线性不可分的问题转化为线性可分的问题。举个例子进行简要说明：

图 2-2 中有黑色和灰色两种点，图中的虚线把这个二维平面分成了两部分，使得黑色和灰色的点完全分离。能否在图中作出一条直线使黑点全部位于直线的一侧，而灰点完全位于另一侧？答案是：不行，即黑点和灰点是线性不可分的。支持向量机通过核函数变换可以把原数据集映射到更高维度的空间中，如图 2-3 所示。

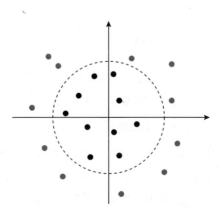

图 2-2　黑灰二元分类问题，当在前的二维空间中线性不可分

---

① Boser, B. E.; Guyon, I. M.; Vapnik, V. N. (1992). "A training algorithm for optimal margin classifiers". Proceedings of the fifth annual workshop on Computational learning theory—COLT '92：144.

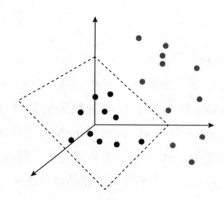

图 2-3　经过变化在更高维度空间中实现了线性可分

现在图中虚线所示的线性平面就可以把黑点和灰点完全分开。支持向量机运用核函数进行变换背后的思想是：如果问题在现有维度下难以解决，可以尝试在其他维度上进行解决，有的时候解决问题的维度决定了解决问题的难度。

支持向量机关键在于选取恰当的核函数，而且相比于人工神经网络，支持向量机只有少量参数需要调节，所以从某种意义上支持向量机解决问题的方式更加"优雅"。支持向量机和人工神经网络经过几十年的竞争开始握手言和，Vapnik 和 Yann Lecun 在脸书人工智能实验室再次成为同事；把深度学习和支持向量机融合在一起的研究也在快速发展中。把算法进行配合使用来更好地解决问题一直是人工智能领域中的常用方法，下面将要介绍的集成方法就是这方面典型的例子。

2. 集成方法（Ensamble Method）

集成方法又称为元算法（Meta-algorithm）。集成方法可以是不同算法之间的集成，也可以是同一种算法在不同条件下的集成，甚至可以把一个数据集分成不同的数据子集分配给不同的算法然后再进行集成。集成算法主要分成两类：Boosting 和 Bagging（装袋算法），其中 Bagging 是 Boostrap Aggregating（自举汇聚发）的简称。Boosting 和 Bagging 相同之处在于，虽然可以选择不同的分类器进行集成，但是在集成的过程中会自始至终使用同一种分类器。

Bagging 的原理简单来说就是少数服从多数，首先从原数据集中随机抽样 n 次进而获得 n 个子数据集，利用这 n 个子数据集训练出 n 个分类器，分类结果由这 n 个分类器投票决定。Bagging 的代表算法有随机森林算法（Random

Forests）。随机森林由 Breiman Leo 和 Adele Cutler 于 2001 提出并用 Random Forests 注册了商标。[1] 顾名思义，随机森林是包含有多个决策树的分类器，每棵树彼此之间相互独立地进行训练。训练完成之后对于新输入的对象进行分类时，随机森林的每一棵树会给出自己的答案进行投票，森林整体会根据少数服从多数的原则给出结果。因此，随机森林是以并行的方式进行工作的。

Boosting 是通过弱分类器构造出一个强分类器，代表算法有：自适应提升算法（Adaboost），由 Yoav Freund 和 Robert Schapire 于 1995 年提出。[2] 与 Bagging 不同的是，Adaboost 是在串行迭代过程中不断优化的算法，AdaBoost 的原理类似于"错题本"：对于难题进行定向优化。

Wikipedia 对于 Adaboost 原理的解释是："Adaboost 方法是一种迭代算法，在每一轮中加入一个新的弱分类器，直到达到某个预定的足够小的错误率。每一个训练样本都被赋予一个权重，表明它被某个分类器选入训练集的概率。如果某个样本点已经被准确地分类，那么在构造下一个训练集中，它被选中的概率就被降低；相反，如果某个样本点没有被准确地分类，那么它的权重就得到提高。通过这样的方式，Adaboost 方法能'聚焦于'那些较难分（更富信息）的样本上。在具体实现上，最初令每个样本的权重都相等，对于第 k 次迭代操作，我们就根据这些权重来选取样本点，进而训练分类器 C_k。然后就根据这个分类器，来提高被它分错的样本的权重，并降低被正确分类的样本权重。最后，权重更新过的样本集被用于训练下一个分类器 C_k。整个训练过程如此迭代地进行下去。"[3] 对于非专业的读者，这段话可能不容易理解，我们打个比方进行说明：假设有一套测试卷有若干个题目，一开始每一道题目的分值都是一样的；首先，分类器 h_1 去参加测试，根据 h_1 的测试结果的得分计算出一个权重 w_1，而且 h_1 做错的题目分值变大，做对的题目分值变小；然后分类器 h_2 去完成测试，题目不变但是分值是根据 h_1 的结果调整之后的分值，同样根据 h_2 的结果计算出权重 w_2，然后调整题目分值：h_2 做错的题分值变大，做对的分值变小。Adaboost 的集成分类器是由每个分类器和相对应的权重构成的：

---

[1] Breiman, Leo (2001). "Random Forests". Machine Learning. 45 (1): 5–32.
[2] Freund, Yoav; Schapire, Robert E. A Decision-Theoretic Generalization of on-Line Learning and an Application to Boosting. 1995.
[3] https://zh.wikipedia.org/wiki/AdaBoost.

$H = w_1 \cdot h_1 + w_2 \cdot h_2$

迭代以上的过程，总的分类器会逐渐演变成为：

$H = w_1 \cdot h_1 + w_2 \cdot h_2 + w_3 \cdot h_3 \cdots$

直到 H 满足一定的条件：例如错误率低于某个阈值。最终的分类器数学表达式为：

$$H(x) = \mathrm{sign}[\sum_{i=1}^{i=\max} w_i h_i(x)]$$

图 2-4 为 Adaboost 算法示意图。

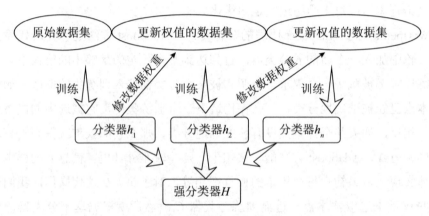

图 2-4　Adaboost 算法示意图

根据 Adaboost 的工作过程，我们可以发现 Adaboost 的特点是：首先，以串行的方式逐步推进：只有获得了上一次迭代的结果才能进行下一次的迭代；其次，把握主要矛盾：对于测试错误的题目增加分值，类似于"悬赏"；最后，以能力为标准：每个分类器的权重反映的是该分类器在当前情况下解决问题的能力。

因此 Adaboost 的精髓反映的正是其名称：Adaptive boosting（自适应提升）：不断地适应环境，提升自我。这应该是最励志的算法了。

3. 关联分析

在开始讲关联分析之前，我们先来看一首词：

西厢记·长亭送别

碧云天，黄花地，西风紧。北雁南飞。

晓来谁染霜林醉？总是离人泪。

这首词中描述了一系列的自然现象，包括西风紧、北雁南飞和霜叶由青变红等。从我们的生活经验来看，这些自然现象都在秋天同时出现，那它们彼此之间存在着什么样的关系呢？关联分析就是用来研究不同的事物之间相互关系的一种方法。

从大规模数据集中寻找物品间的隐含关系被称为关联分析（Association Analysis）。进行关联分析是为了通过挖掘这些隐藏着的相互关系来对未来进行预测。如果我们发现A和B相关联，就可以通过对A进行观测进而对B进行判断和预测。这其实是我们经常运用在生活中的朴素智慧，例如苏东坡的诗云："竹外桃花三两枝，春江水暖鸭先知。"就是通过鸭的行为判断水的温度。

关联分析由R. Agrawal于1993年提出。[①]最开始被用于零售业的购物篮分析（Market Basket Analysis），我们就以购物篮分析作为例子对关联分析进行介绍。发现商品购买的关联规则可以帮助商家制定有针对性的市场营销策略，包括市场规划、广告策划和分类设计等。例如，超市的经理会关心类似于这样的问题：顾客在购买牛奶的同时是否会购买面包？

要回答这个问题，需要先了解关联分析的几个概念。我们就以零售业的购物篮分析为例进行说明。超市的交易数据中，每一次的商品交易都是由物品项组成的集合。

频繁项集（Frequent Item Set）是频繁出现的物品的集合。关联规则描述的是两个物品之间的关联关系（A → B）。例如牛奶→面包的关联规则描述的是顾客购买了牛奶再购买面包的可能性。一个项集的支持度（Support）是包含该项集的交易数占所有交易数的百分比。置信度（Confidence）是对于某一条具体的关联规则（A → B），A出现的情况下B出现的条件概率。例如：1000个顾客购买了商品形成了1000条交易记录，其中100个人购买了牛奶；150个人购买了面包；60个人同时购买了面包和牛奶。那么牛奶→面包关联关系的支持度是60/1000=6%；置信度是60/100=60%。支持度低的规则具有偶然性。从商务角度看，低支持度意味着这样的商品组合顾客很少同时购买，因此促销没有意义。因此支持度用来删除没有意义的规则。置信度反映了通过规则进行推理的可靠性。仍然以牛奶和面包为例，置信度越高意味着购买了牛奶之后，购买面包的可能性

[①] Agrawal, Rakesh, Tomasz Imieliński, and Arun Swami. "Mining association rules between sets of items in large databases." Acm sigmod record. Vol. 22. No. 2. ACM, 1993.

越高。支持度大于最小支持度阈值,并且信任度大于置信度阈值的关联规则称为强规则;否则为弱规则。支持度和置信度都是人为设定的。仍然以牛奶和面包为例,如果最小支持度阈值小于6%,并且最小信任度阈值小于60%,则有:牛奶和面包的关联规则为强规则。数据挖掘是对强规则进行挖掘。关联规则是支持度和信任度分别满足用户给定阈值的规则。实现关联分析的主要有 Apriori 和 FP-growth(Frequent Pattern-growth)算法。在此,本书不对算法本身做深入介绍,有兴趣的读者可以查阅数据挖掘算法或是机器学习的相关资料。

从关联分析相关概念,我们可以看出关联性(Association)是以统计为基础的现象描述。关联性的强度可以由相关性(Correlation)进行量化描述。相关系数用 r 表示,取值在 -1 和 1 之间。r 为 -1 是两个变量为负相关;r 为 1 是两个变量为正相关。r 的绝对值大于 0.8 通常就认为两个变量高度相关。

关联性和相关性都是统计结果的描述,与因果性(Causation)有着本质的区别。

因果性:事物或现象分为原因和结果,原因和结果必须同时具有必然的联系。

因此关联性不能和因果性画等号。一个著名的例子是,冰淇淋销售量和溺水人数有着正向强相关,我们是否能够说冰淇淋销量的增加引起了溺水人数的增加?对于这个例子,我们通过常识就可以判断两者之间并没有直接的因果关系,更合理的解释是,气温升高的时候冰淇淋的销售数量和游泳的人次都会增加,而游泳人次的增加会导致溺水的可能性增加。在进行大数据关联分析的时候,可能会发现一些意想不到的关联关系,这些关联关系的背后可能存在变量之间的因果关系,也可能不存在。通常来说,大数据的关联分析在发现关联关系之后并不一定会去探寻背后是否会有关系,而是侧重于对已经发现的关联关系的利用。

4. 完美的算法在哪里

上面介绍的深度学习、支持向量机和集成方法是应用范围最广而且解决问题能力最强的几种算法,其中重点介绍了现在如日中天的深度学习算法。有的读者心中可能会开始出现疑问:这些算法之间该如何选择?笔者在生活中就经常被问到类似的问题:"某某算法和某某算法哪个更好?""深度学习这么厉害,会不会一统江湖?"

算法选择是数据分析过程中的一个重要问题,是对数据科学家的经验和智慧的考验,有的时候甚至比算法的具体实现还要重要,这个过程类似于医生通过症状对疾病进行确诊并选择治疗方案。

在技术层面上，有严格的方法对算法进行评估和验证，不过对算法的评价并不是单一维度而是多维度的，不同的算法很有可能在不同维度上各有优势。例如，即使对于二元分类（即 0 与 1 二选一）的评价指标就包括了：准确率（Accuracy）、错误率（Error rate）、精确率（Precision）和召回率（Recall）等。而且，有的维度之间会有内生性矛盾，算法很难在这些维度上面同时做得很好，例如偏差方差权衡（Bias Variance Trade off），算法模型无法使 Bias 和 Variance 同时最小化，必须做出取舍，鱼与熊掌不可兼得。这就类似于特效药只对特定的疾病有效，而有的药对治疗很多疾病都有帮助，但是都没有立竿见影的效果。

另外，除了对算法的结果进行评估以外，算法所需资源也会影响算法的选择，算法对于数据集和计算资源的要求以及训练的难度都是重要的约束条件，例如，有的算法只有在数据达到一定规模的前提下才能发挥出威力，否则只能是巧妇难为无米之炊。

而且这些约束条件的影响还会在商业层面上体现出来，对数据和计算资源要求越高以及训练难度越大都意味着更高的成本。例如，深度学习相比于其他算法能够解决更复杂的问题但与此同时成本也更高，因此深度学习对于相对简单的问题反而不是最好的选择，例如，上文中介绍的关联分析就可以使用相对简单的算法快速实现。

因此，现在没有任何一种算法，包括深度学习，能够在各个层面和各个维度上优于其他算法，笔者认为这样的一个完美算法可能在未来也不会出现，事物都是相互联系和相互制约的，所谓："天之道，其犹张弓与？高者抑之，下者举之；有余者损之，不足者与之。天之道，损有余而补不足。"

请记住，这些算法会构成一个系统，算法的选择本质是在矛盾中进行取舍。就如同交通工具一样，不同的解决方案适用于不同的情况，人类发明的所有交通工具中在科技上最尖端的而且唯一能够把人类送出地球的是用运载火箭搭载载人飞船，但是在这一技术被发明之后，其他的交通工具包括自行车、汽车和飞机等并没有因此而消失，我们能说载人飞船是比飞机更好的交通工具吗？我们甚至不能说载人飞船是比自行车更好的交通工具。诚然，自行车无法把人类送入太空，但是我们也不能乘坐载人飞船去小区旁边的超市购物啊。这就是为什么我们说这些算法在一起会构成一个系统，就像各种生物会构成生态系统，各种武器会构成作战系统；使用场景越类似的算法之间越有可能存在竞争关系，的确会存在优胜劣汰的情况；但是应用于不同场景的算法之间并不存在优劣的对比，所以更不存在所谓完美的算法了。

四、人工智能的未来

人工智能的研究和应用正在如火如荼地展开，而且取得了令人瞩目的进步，但是相比于人工智能先驱者要实现的目标，我们还只是向前迈进了很小的一步。John McCharthy、Marvin Minsky 和其他一些在人工智能领域具有影响力的人都不满足于人工智能研究把重点放在优化特定任务的应用上，他们认为研究的重点应该回到人工智能领域最核心的问题上：创造出人类智能水平的人工智能。因为，到目前为止，人类所实现的人工智能都是弱人工智能（Weak AI、Narrow AI、Artificial Narrow Intelligence），弱人工智能只具有某一方面的能力，只有完成单一类型的任务，包括在围棋上已经无敌的 AlphaGo 也只是弱人工智能，因为 AlphaGo 只有围棋方面的能力。弱人工智能并不具有人类完整的认知能力，即使在设计上让弱人工智能看上去有多么智慧都离上文中人工智能的定义有着巨大的差距。人工智能的先驱者们都强调人工智能的研究应该更多地投入到强人工智能的研究，而不是弱人工智能的应用。

所谓强人工智能（Stronge AI，Artificial General Intelligence）是指至少具备与人类同等智慧的人工智能。强人工智能是在认知、抽象思维、行为等各个方面都达到人类能力的人工智能。回顾上文中人工智能的定义，其中一类就是以人的大脑作为目标，因此实现强人工智能是人工智能领域的主要任务之一。但是要实现强人工智能比实现弱人工智能要困难得多，因为人类的大脑是一个超级复杂的系统。著名的计算机科学家、图灵奖和约翰·冯·诺依曼奖得主 Donald Knuth（高德纳）关于人工智能现阶段的发展状况有一句名言：现阶段的人工智能都可以成功完成需要人类"思考"领域的任务，但要完成人类和动物不需要"思考"就能完成的任务则困难得多。[1]（AI has by now succeeded in doing essentially everything that requires "thinking" but has failed to do most of what people and

---

[1] Superintelligence: Paths, Dangers, Strategies，Nick Bostrom，2014：17.

animals do "without thinking"—that, somehow, is much harder!）

我们把现阶段人工智能的实现水平和人工智能所要实现的人脑功能从易到难做一个简单的比较。

存储—记忆能力，人工智能远胜于人类大脑，构建在计算机之上的人工智能的存储能力理论上可以不断升级扩展，而且通过合理的设计能够保证几乎不会遗失数据，这方面最极端的例子就是搜索引擎，人工智能具有压倒性的优势。

数学计算和逻辑判断，人工智能的速度远快于人类大脑。相比于人类大脑其他功能，数学计算和逻辑判断并不是大脑的强项，因为人类大脑是人类进化的产物，数学计算和逻辑判断并不是保证生存的关键能力，人类进化有着数百万年的历史，而人类系统性地使用数学不过才 3000 年的历史，这也是为什么人类大脑必须有意识地进行数学计算和逻辑判断。然而计算机却不一样，计算机被发明出来的目的就是进行数学计算和逻辑判断，而且计算机系统架构也是构建在数学和逻辑模型之上的。因此，任何以数学计算和逻辑判断的博弈，人工智能即便是弱人工智能都会超越人类。从 Samuel 发明了依托于机器学习的能下西洋棋的程序，从方法论上人工智能在各种棋类上挑战人类就已经没有障碍，所需要的只是计算能力支持和合适的算法。数学计算和逻辑判断就是高德纳所说的典型的需要人类"思考"才能完成的任务，在这一点上是在用人类大脑的弱项在和人工智能的强项进行竞争。

Donald Knuth 所说的人类和动物不需要"思考"就能完成的任务又是指什么呢？是不受主观意识控制的，大脑会自动加载和运行的功能，包括：视觉、语言和运动等。要实现这些功能其实相当复杂，只是我们对这些功能习以为常了而已。举个例子，当你看到一只蚊子落到了你的一只胳膊上试图叮咬你，你立刻挥起另一只胳膊赶走它，这是一瞬间就能完成的简单过程，而这个过程要能够完成，首先当你的眼睛看到这只蚊子时，大脑能够从视觉图像中识别出这是一只蚊子——这个蚊子的实体会和蚊子的概念对应起来，然后会从记忆中获得与蚊子相关的经验和知识——被蚊子叮咬之后痛痒的感受，最后决定采取行动——大脑会通过神经系统控制胳膊、手臂和手上肌肉与肌腱来完成动作并且精确地控制力度和方位。所以在这一瞬间其实大脑完成了大量的工作。要完成同样的一个过程对于人工智能来说有多困难呢？尚且不说完成整个过程，要完成其中的每一个步骤都不容易。以视觉识别为例，视觉神经把获得的视觉图像不断地发送给大脑进行处理，大脑要不断地快速识别出图像中的物体和与之相关联的意义。从来没有见过蚊子的儿童第一次看见蚊子会意识到这是一个"不认识"的事物——大脑里没有任何一个概念可以和这个事物相匹配，但大脑会记录这个事物的特征并且抽象出一个概念与之对应；然而一个昆虫学家看见蚊子的时候，不仅可以判断出这是一只蚊子而且还会在大脑中关联与蚊子相关的知识，例如，蚊子的生活习性和是否会传染疾病等。为了模仿人类大脑的图像处理能力，谷歌公司在2012年用1.6万台计算机的处理器构建了当时最大的一个人工神经网络系统——"谷歌大脑"，用来模拟人类的图像学习过程，谷歌大脑要进行学习的第一个任务是从1000万张数字图片中自动学习识别猫咪。谷歌大脑学会了从各种猫咪的图片中抽象出"猫"的概念：谷歌大脑构建出了一张"理想"的猫咪图片。虽然谷歌大脑的正确率远远领先于其他机器学习方法达到80%，但是仍然远远低于人类大脑的水平。在2015年，谷歌的人工智能就曾错误地把黑人的照片标注为大猩猩，引发了争议。谷歌在研究后发现在技术上解决这个问题很复杂，就取消了大猩猩这个标签。也就是说，如果这个技术问题没有得到解决，对于人工智能来说大猩猩是"不存在"的。这还不是最困难的地方，我们再来看看更加复杂的情况，例如，卡通中拟人化的猫——有着人类的装扮和行为，人类大脑可以判断出：嗯，这是一只猫，但是和现实中的猫又不完全相同；又例如在音乐剧《猫》中，演员会装扮成猫的形态并且模仿猫的行为，人类大脑可以判断出这些是人类演员在模仿猫。但是，人工智能在这两种情况下都难以做出正确的判断。

当然，Donald Knuth的论述也有不准确的地方。其一，在完成不需要"思考"的任务方面，人类的大脑不仅优于人工智能，而且也优于其他动物的大脑。例如，大脑需要通过神经系统控制身体的肌肉来完成各种运动动作，例如行走、奔跑和跳跃等。人类平衡能力和弹跳能力等明显不如猫科动物，但是这种限制是来自于人类的小脑和身体的构造，而不是人类的大脑。人类可以通过学习完成很多其他的动作行为，例如，攀岩、搏击和游泳等。人类的大脑不仅可以学会游泳，而且包括不同的泳姿，但对于猫科动物来说这就很困难，更重要的是人类大脑学会游泳之后，在完成游泳的一系列动作的时候是没有"思考"的。为什么说没有"思考"呢？首先，如果我们要构建一个人形机器人通过人工智能来学习游泳，这个人工智能系统需要进行流体力学、能量传导和各个关节的自由度等方面的计算，要完成这样一项任务需要包括人工智能专家、物理学家和控制论专家等方面的专业团队才有可能获得成功。但是，我们在游泳的时候这些计算都没有在大脑中有意识地进行，我们就可以控制游泳的姿态和速度了。其二，在完成需要"思考"的任务方面，人类大脑相比于人工智能在很多方面仍然有不可比拟的优势，包括审美、道德价值判断和创造的联想与直觉。例如，现在人工智能已经可以撰写新闻稿，但是仍然无法创作出可以流传后世的伟大艺术作品。最后，令人惊叹的是人类大脑的这些能力是可以并行的。例如，我们可以一边跑步一边听歌一边欣赏周围的风景，同时思考其他问题。

因此，人类大脑很多方面的功能相比于现阶段的弱人工智能都具有显著的优势，最核心的是人类大脑具有自我意识，能够通过学习进行持续优化和多样化，与此同时还具备通用问题解决能力。这也是为什么实现强人工智能是如此的困难，我们甚至不知道什么样的方法能够实现强人工智能。但毫无疑问的是强人工智能一旦实现，世界将发生深刻而彻底的变革。另外，将人类智能与人工智能相结合（Hybrid Thinking）也是现阶段研究的重要方向。强人工智能对于世界的影响以及混合智能都是非常宏大的话题，在此不做展开。

人工智能的未来的发展还会受到其他科学学科的影响。如果把人工智能比喻为一棵大树的话，它不是孤立地生长在荒原之上，而是植根于沃土中，生长在丛林里。在学科划分上，人工智能虽然是计算机科学的一个分支，但同时也是一个交叉学科，例如，什么是智能这个问题就已经超越了计算机科学的范畴。人工智能的诞生和发展是以其他众多学科为基础的，包括了哲学、物理学、数学、神经科学、心理学、语言学、控制论、经济学等，当然还有计算机科学的众多其他分支。纵观人工智能的发展历程，有两个关键因素持续影响着人工智能的发展，其一，是要有足够的数据提供给人工智能进行学习；其二，是要有足够的计算能力和资源支持人工智能系统的计算。在大数据时代，数据量已经不成为问题，然而计算机的计算能力与人工智能之间的关系则更为复杂。Ray Kurzweil 是著名的人工智能领域专家、谷歌公司的技术总监、畅销书《奇点将至》（*The Singularity Is Near*）的作者。Ray Kurzweil 是人工智能领域坚定的乐观派，他预测实现强人工智能的时间要短于其他人工智能从业者的预测。然而即使是 Ray Kurzweil 也承认人工智能并没有发生指数式增长，而是在层级式的增长。他说："人工智能每上一个台阶，都需要计算和算法的复杂度实现指数级提升……所以我们可以预计线性的层级式增长，因为每上一个台阶都需要在复杂度上实现指数级增长，而我们在这方面的能力的确实现了指数级进步。"即计算能力的指数增长才能支撑起人工智能的线性增长，因此要实现强人工智能毫无疑问需要更大的计算能力，但是我们现在其实并不知道具体需要多大规模的计算能力才能实现这一目标。人工智能领域对于要实现强人工智能所需的计算量有诸多的预测，这些预测通常是以人类大脑的神经元数量和计算能力作为参考，但是这种预测未必科学。研究发现在大的趋势上确实是越是智能的生物，大脑神经元的数量越大。如果我们用大脑神经元的数量进行排序，会有灵长目哺乳动物＞其他哺乳动物和鸟类＞爬行动物＞鱼类＞昆虫，当然具体某一个物种的排序可能会有差异，但是大的趋势是这样。① 然而有意思的是人类大脑神经元的数量和大猩猩大脑的神经元数量并没有数量级的差别，或者单从大脑神经元数量的角度来看，人类和大猩猩的差别要小于大猩猩和猫的差别；而且人类也不是大脑神经元数量最多的哺乳动物，大象的脑神经元数量大约是人类的3倍。因此，我们可以说在生物进化过程中，生理上更加强大和更加复杂的大脑只是实现更高智能的必要条件，而不是充分条件，人类相比于其他哺乳动物在智能上有质的差别，但是我们并不清楚这种飞跃是如何实现的。对于人工智能而言，计算能力的量变是否会产生智能水平的质变呢？如果会的话，这种质变会在什么时候以什么方式产生呢？对于这些问题，我们目前为止其实并没有确切的答案。强人工智能如同云雾中若隐若现的山峰，我们还在苦苦找寻上山的道路。

综上所述，我们正处在大数据与弱人工智能结合的大规模应用浪潮之中，各种变化已经让人应接不暇；强人工智能尚且处于孕育状态，不过一旦实现，将是更加深刻的变革。

延伸阅读

科幻、魔法与魔戒

长期以来人工智能都是科幻作品中热门题材，然而AlphaGo的出现让人们认识到人工智能离我们并不遥远而且会越来越成为我们生活中的一部分。人工智能发展到今天的水平依赖于IT产业不断发展所提供的以指数级增长的计算能力。幸运的是，现实正如摩尔定律预言的那样：计算机的计算能力连续五十多年保持了指数增长，

---

① https://en.wikipedia.org/wiki/List_of_animals_by_number_of_neurons.

摩尔定律简直如同魔法一般。

人工智能未来的发展无疑需要更大的计算能力，摩尔定律是否会像之前一样持续的发挥"魔力"？遗憾的是摩尔定律正在失去"魔力"。《自然》杂志在2016年2月发表文章《摩尔定律失效》（The Chips are Down for Moore's Law）中称：摩尔定律什么时候会走向终结是长久以来被不断提起的问题，2016年3月会迎来正式回答：全球半导体行业的研发计划首次不以摩尔定律为基础。

虽然之前有很多问题都曾对摩尔定律造成了影响，例如芯片散热的问题，但是这些问题都没有"杀死"摩尔定律。不过，这次摩尔定律是真正"摊上大事了"：现在芯片的电路精度已经达到14纳米，未来还能达到更高的精度。全球半导体行业研发规划蓝图协会主席Paolo Gargini表示："到2020年，如果付出极大的努力，我们的芯片线路可以达到2～3纳米级别，然而在这个级别上只能容纳10个原子。"（even with super-aggressive efforts, we'll get to the 2–3-nanometre limit, where features are just 10 atoms across）但是在这个尺度上，电子的行为将受到量子不确定性（Quantum Uncertainties）的影响，晶体管的工作将变得不可靠。

这是摩尔定律必须遵循的理论上限。为什么？因为摩尔定律的"魔力"来源于量子力学。量子力学才是那一枚"魔戒"，摩尔定律必须遵循量子力学的规律：有了量子力学才会发展出半导体理论，有了半导体理论才有半导体元器件，之后才会有集成电路，再之后才会有摩尔定律。计算机计算能力的指数增长的根源在于量子力学的应用，但是这种趋势不会无限持续下去，从自然科学的经验来说，能够任何长时间保持指数增长的事物都是反常的，约束条件一定会出现，只是时间长短的问题，这也符合朴素的哲学思想：物极必反。

摩尔定律失效之后，要获得更大的计算能力，一个可能的方向是量子计算（Quantum Computing），相比于现有的电子计算机，这是一种不同的计算范式。虽然现阶段量子计算的发展困难重重：进展缓慢而且有可能只对特定的算法有效，但是量子计算机一旦实现其计算能力，让现有的计算机望尘莫及，人工智能也将因此获得质的飞跃。

智能之谜

上文中我们探讨了摩尔定律背后的力量;有意思的是,人类现代文明中的最前沿的科技向前追溯几乎都会找到同一群人。图2-5是1927年第五届索尔维会议(Solvay Conference)的合影。照片中这些人完成了量子力学和相对论的奠基工作,29人中有17人是诺贝尔奖得主,其中就包括了大家熟知的爱因斯坦和居里夫人。

图2-5　1927年第五届索尔维会议的合影

位于后排中间(右六)的是薛定谔。薛定谔是量子力学波动形式的创立者并因此获得诺贝尔物理学奖,他在1935年提出的处于"半死半活"状态的薛定谔的猫假象实验是科学史上最奇异的假象实验之一:"把一只猫关在一个封闭的铁容器里面,并且装置以下仪器(注意必须确保这些仪器不被容器中的猫直接干扰):在一台盖革计数器内置入极少量放射性物质,在一小时内,这个放射性物质至少有一个原子衰变的概率为50%,它没有任何原子衰变的概率也同样为50%;假若衰变事件发生了,则盖革计数管会放电,通过继电器启动一个榔头,榔头会打破装有氰化氢的烧瓶。经过一小时以后,假若没有发生衰变事件,则猫仍旧存活;否则发生衰变,这套机构被触发,氰化氢挥发,导致猫随即死亡。用以描述整个事件的波函数竟然表达出了活猫与死猫各半纠合在一起的状态。"这个实验引发的争论推动了量子信息(Quantum Information)的发展,而量子信息就包括上文中提到的量子计算。

无独有偶的是，薛定谔同时对生命科学也感兴趣，试图用物理学和化学的方法去研究生命的本质，他的这一努力推动了分子生物学的诞生。"心智"的奥秘同样让他着迷，他在《心智与物质》（Mind and Matter）中提出的："大脑和神经细胞是一种非常特殊的机制，通过它去体会并对环境改变做出行为上的相应调整，它是一种适应环境变化的机制。""心智与生物体的学习密切相关；但是它对这一切是如何发生的却是无意识的。""只有那些仍处于被训练阶段的变化才会被意识到；在未来它们会成为物种遗传上的固定的、训练有素的、无意识的财富。简而言之，心智是进化范畴内的一种现象。"这些观点与后来人工智能的研究结果不谋而合，薛定谔所说的心智（Mind）和人工智能的智能（Intelligence）有相通之处，薛定谔认为大脑和神经细胞是心智的物质基础，不过心智是在进化过程中对环境适应而形成的；学习能力是心智的体现，但是学习的过程却不受意识控制（人可以有意识地进行阅读和聆听等学习的动作，但是大脑接受信息后的认知和理解过程却是不受意识控制的）。这正是我们上文中提到的Donald Knuth的论述，在不用"思考的"领域人类智能都是优于人工智能的，人类大脑的图像识别、语言能力和学习能力等方面的能力是长期进化来的并且不受意识控制，我们知道人类的智能能够做什么，但是不知道是如何做到的，这就是为什么人工智能在这些方面要模仿人类智能是如此的困难。薛定谔还成功地预言了人类会用机器代替人类工作，并且警告：人类的心智是进化的产物，如果不进行劳动就会退化直至灭亡。

薛定谔在从哲学和物理学的角度探索心智的奥秘；人工智能的符号主义学派是从逻辑学和心理学的角度研究智能；人工智能的连接主义学派是从生物学大脑的组织构造上进行模拟。这是科学界对智能探索的科学思潮在不同学科中的体现，希望这些不同方向的努力能够早日会师解答人类智能的未解之谜。

第三节 大数据分析技术与应用

那是最美好的时代，那是最糟糕的时代；那是智慧的年头，那是愚昧的年头；那是信仰的时期，那是怀疑的时期；那是光明的季节，那是黑暗的季节；那是希望的春天，那是失望的冬天。

——狄更斯《双城记》

狄更斯如此描述工业革命之后的时代，之前的每一次科技革命都带来了巨大的社会变革，这一次也不会例外，而且只会更加迅猛和彻底。如果说前面几次科技革命给了人类更加有力量的"双手"、更加迅速的"双脚"和更加敏锐的"眼睛"与"耳朵"，这一次将会是更加聪慧和强大的"大脑"。大数据和相关技术正在打破行业壁垒实现大规模的应用。毫无疑问，技术如何与商业进行结合会是这个过程中的重要问题；这个过程不会一蹴而就，而会是在挫折中探索前行。好在，早在大数据时代之前，数据挖掘在商业成功的经验可以供我们借鉴；下文中也会根据新科技革命的特征给出相关建议。

一、数据挖掘

1. 概念与方法

人工智能是科学发展的结果，是计算机科学的一个分支，包括了概念、方法论和纯科学方面的理论，当然也包括了应用层面的技术；而数据挖掘是信息技术发展的产物，侧重的是应用计算机技术解决实际问题。简而言之，人工智能发展的重点一直在算法，而数据挖掘是为了满足日益丰富和多样的数据分析需求而发展起来的一系列技术，是应用驱动的。数据挖掘在大数据诞生之前就已经存在，可以说只要有计算机科学意义上的数据存在，就有数据挖掘。在大数据兴起之后数据挖掘是大数据技术中不可或缺的一部分，得到了广泛的应用和飞速的发展。

IT行业内普遍接受的是William J. Frawley、Gregory Piatetsky-Shapiro和Christopher Matheus对数据挖掘的定义：数据挖掘是从大量的、不完全的、有噪

声的、模糊的、随机的实际数据中,提取隐含在其中的、人们不知道的、但又是潜在有用的信息和知识的过程。①(the nontrivial extraction of implicit, previously unknown, and potentially useful information from data)

广义的数据挖掘等同于"在数据中发现知识",即上文中提到的数据库中的知识发现(KDD),因此在很多场景中 KDD 和数据挖掘会作为同义词交替使用。狭义的数据挖掘只是知识发现过程中的一个基本步骤,知识发现过程涉及的步骤依次为:②

(1)数据清洗:消除噪声和删除不一致的数据。

(2)数据集成:多种数据源可以组合在一起。

(3)数据选择:从数据库中提取与分析任务相关的数据。

(4)数据变换:通过汇总或聚集操作,把数据变换和统一成适合挖掘的形式。

(5)数据挖掘:基本步骤,使用智能方法提取数据模式。

(6)模式评估:根据某种兴趣度度量,识别代表知识的真正有趣的模式。

步骤(1)~(4)是数据准备,有的时候还会包括数据规约:通过对数据属性筛选和数据采样减少所要分析的数据量,以缩短数据分析时间。数据准备的主要目的是保证数据质量,数据质量中最重要的要素是准确性、完整性和一致性。现实世界中的数据总是会有不准确、不完整和不一致的情况,例如,不同时区的日期时间数据不经过转换的话就会因为不一致产生错误。

数据挖掘融合了统计学、机器学习、数据库与数据仓库、高性能计算和众多计算机应用领域的技术。因为数据挖掘是与商业应用之间关联的,这其中最核心的是机器学习和数据库与数据仓库技术。机器学习在上文中已经做了介绍,下面谈一谈数据挖掘用到的数据库和数据仓库技术。

上文中介绍了 NoSQL,不过在数据挖掘过程中最丰富、最常见的数据来源是关系型数据库。关系型数据的设计需要遵循一系列的规则,这些规则被称为范式。关系型数据库包括各种类型的表,表的内容则是记录的数据。数据库系统,全称为数据库管理系统(Database Management System,DBMS)。数据库系统包括数据库——数据的集合和管理数据库的软件。数据库系统在 20 世纪 70 年代

---

① W. Frawley and G. Piatetsky-Shapiro and C. Matheus Knowledge Discovery in Databases: An Overview AI Magazine, Fall 1992: 213–228. ISSN 0738-4602.

② Jiawei Han, Micheline Kamber, Jian Pei. 数据挖掘概念与技术(第三版). 范明,孟小峰,译. 北京:机械工业出版社,2012.

开始发展成熟，很快便应用于商业应用成为信息系统不可或缺的一部分，包括了客户关系管理系统（CRM）、财务系统、物流系统以及之后的企业资源计划系统（ERP）等。紧接着，对于这些商务数据进行分析的需求便开始出现。数据仓库技术在20世纪80年代后期开始成熟，数据仓库技术的出现完全是因为商业需求的推动，所以数据仓库又被称为企业数据仓库（Enterprise Data Warehouse）。数据仓库的概念源自于Barry Devlin和Paul Murphy发表于1988年的论文：《商业和信息系统的架构》（An Architecture of A Business and Information System），在文中被称为商业数据仓库（Business Data Warehouse）。[1]

数据仓库的主要特征包括：面向主题（Subject-oriented）、集成的（Integrated）、时变的（Time-variant）和非易失的（Nonvolatile）。数据仓库从不同的数据来源收集异构的数据，经过处理形成同构的高质量数据，然后数据仓库对于特定的主题进行数据建模，例如，销量、顾客、物流等。数据仓库把结果通过报表和知识可视化方式输出，进而提供决策支持。

通常的数据挖掘三层架构为（图2-6）：底层是数据仓库服务器，通常是由关系数据库系统、后端工具与实用程序和元数据库构成，这一层的主要功能是从外部数据源获取数据并进行数据清洗和数据变换等操作，数据来源为HR系统、CRM系统和ERP系统等的业务数据；中间层是数据挖掘引擎，通常为联机分析处理系统（On Line Analytical Processing，OLAP），这一层的主要功能是实现多维数据的构建和操作；顶层是数据展示服务器，具有报告和可视化引擎，包括查询、报告和交互分析的工具。[2]

图2-6　数据挖掘三层架构

---

① B.A.Devlin, P.T.Murphy IBM System Journal, VOL 27, NO 1, 60-80.
② Jiawei Han, Micheline Kamber, Jian Pei. 数据挖掘概念与技术（第三版）. 范明，孟小峰，译. 北京：机械工业出版社，2012.

机器学习为数据挖掘提供了数据分析的算法,而数据库管理系统和数据仓库系统为数据挖掘提供了对数据进行管理和操作的技术。有了这两方面技术的支持,数据挖掘可以帮助决策者寻找规律,发现被忽略的要素,预测趋势,进行决策,对数据内在和本质的高度抽象与概括。决策支持与商业智能都是数据挖掘的实际应用。

数据挖掘因为长期的应用实践和优化,已经形成了成熟的方法论,其中最经典的包括 CRISP-DM 和 SEMMA。

2. CRISP-DM

跨行业数据挖掘标准流程(Cross-Industry Standard Process for Data Mining,CRISP-DM),由 SPSS、NCR 和 Daimler Chrysler 三家公司在 1996 年制定的,它强调的是数据挖掘在商业中的应用,解决商业中存在的问题,而不是把数据挖掘局限在研究领域。[①]

CRISP-DM 强调数据挖掘的商业意义,在数据挖掘流程中有独立的商业理解步骤。CRIPS-DM 是一个闭环,其中包括六个步骤:商业理解、数据理解、数据准备、建立模型、模型评估和模型发布(图 2-7)。

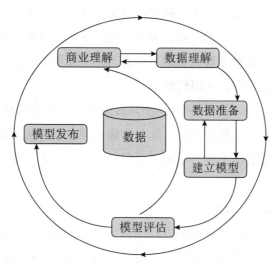

图 2-7　跨行业数据挖掘标准流程

---

① Chapman, P. et al, 2000. CRISP-DM 1.0 - Step-by-step data mining guide.

（1）商业理解（Business Understanding）：作为项目的初始阶段，该阶段的重点在于明确项目的目的和业务需求，然后把业务需求转化为建模需求和约束，并且因此设计出项目计划。商业理解的下属任务包括——确定商业目标：背景、目标和成功的标准；对接方式：可利用资源、需求、假设与限制、风险与备选方案、成本与收益；确定数据挖掘的目标：目标和成功的标准；确定项目计划：计划、可供使用的工具与方法。

（2）数据理解（Data Understanding）：从收集数据开始，通过一系列的数据探索行为，确定数据的质量问题，发现数据的属性和特点，获得描述数据的数据。下属任务包括：数据收集并完成报告；描述数据并完成报告；探索数据并完成报告；确定数据质量并完成报告。

（3）数据准备（Data Preparation）：数据挖掘包括了从原始数据到最终结构化数据集之间的所有操作，最终的结构化数据集可以直接被算法模型使用。数据准备包括数据清洗、数据选择和数据变换等步骤，数据准备的工作可以进行多次，下属步骤的顺序也可以根据需要进行排序。下属任务包括：选择数据；清洗数据并完成报告；使数据结构化；集成数据；确定数据格式；对数据集进行描述。

（4）建立模型（Modeling）：在这个阶段通常不止一种算法模型会得到应用，这些模型都会通过调试达到最优的状态。通常来说，对于某一类型的数据挖掘问题会有相对应的一些算法可供选择。因为不同的算法对数据形式有不同的要求，回到数据准备阶段重新准备数据也是有可能的。下属任务包括：现在模型算法；生成测试设计；构建模型；应用模型。

（5）模型评估（Evaluation）：在这个阶段应该有一些运转良好的备选模型了。在最终部署之前要对模型进行评估，确保实现了项目所有的商业目标并且核查是否在任何重要问题上有所遗漏。下属任务包括：评估结果；复审流程；确定后续工作。

（6）模型发布（Deployment）：构建模型并不是项目的结束。数据挖掘获得的知识应该按照用户能够使用的方式进行呈现。根据用户的需求，发布阶段有可能相对简单：例如，生成一份报告；也可能相对复杂：例如，部署一套可以重复使用的数据挖掘平台。在很多情况下，是用户而并非数据分析师来推动发布工作的完成，因此帮助用户理解如何进行发布也相当重要。下属任务包括：拟定发布计划；拟定监督和运维计划；完成最终报告；复审项目。

3. SEMMA

SEMMA 是 Sample、Explore、Modify、Model 和 Access 的首字母缩写，描述的是完成一个数据挖掘项目的过程。SEMMA 是由 SAS 公司开发的数据挖掘方法论，SAS 公司是全球知名的数据挖掘软件与服务提供商。因此 SEMMA 方法论通常与 SAS 开发的数据挖掘平台和解决方案配合使用。[①]

正如 SEMMA 这个名词描述的，SAS 对于数据挖掘定义了 5 个核心步骤：

（1）数据抽样（Sample）：从海量数据集中取出具有代表性的部分数据。这些数据既要足够大以致能够反映数据集的重要信息，同时又不能过于庞大使之能够方便处理。

（2）数据探索（Explore）：摸清数据集的大致情况，包括基本的统计信息、意料之外的趋势和数据质量等。

（3）数据调整（Modify）：对数据进行清洗和转换。

（4）数据建模（Model）：通过相应的软件进行建模，输入上一步骤的数据并获得结果。

（5）结果评价（Access）：评价结果的有效性和整个挖掘流程的科学性，对模型和结果进行综合评价。

对 SEMMA 和 CRISP-DM 进行比较我们会发现两者的核心步骤有相通之处：SEMMA 的数据抽样和数据探索对应 CRISP-DM 的数据理解；SEMMA 的数据调整对应 CRISP-DM 的数据准备；SEMMA 的数据建模对应 CRISP-DM 建立模型；SEMMA 的结果评价对应 CRISP-DM 的模型评估。不过，CRIPS-DM 覆盖的范围更加广泛，包括商业理解的前期步骤和发布的后期步骤，因此 CRISP-DM 更加强调与商业环境的对接。

这一部分的内容主要介绍了数据挖掘的内容，传统的数据挖掘和大数据分析既有相通之处，又有重要的区别，这将在下文中再做分析。

---

① Azevedo, A. and Santos, M. F. KDD, SEMMA and CRISP-DM: a parallel overview. In Proceedings of the IADIS European Conference on Data Mining 2008, pp. 182-185. Archived January 9, 2013, at the Wayback Machine.

二、数据可视化

1. 艺术的科学和科学的艺术

出人意外,一八一二年法国人在莫斯科附近打了胜仗,占领了莫斯科,在这以后再没有打仗,但是毁灭的不是俄国,而是拿破仑的六十万军队,然后是拿破仑的法国。

……

自从十月二十八日开始上冻以后,法军的溃逃更加悲惨了:人们冻死和在篝火旁烤死,皇帝、国王和公爵身穿轻裘、驾着马车,携带抢来的财务继续赶路;但是,法国军队从退出莫斯科就开始的溃逃和土崩瓦解的过程,实质上没有发生丝毫的变化。

从莫斯科到维亚济马,法军原有七十三万人(不算近卫军,他们在整个战争中,除了抢劫,什么事也不干),而这七十三万人只剩下三万六千人了(在战斗中阵亡的不到五千人)。

——列夫·托尔斯泰《战争与和平》

上面是《战争与和平》中对1812年俄法战争的描述。战争的主要过程是:1812年,法兰西第一帝国皇帝拿破仑一世借口俄国沙皇亚历山大一世破坏《蒂尔西特和约》,遂率军60万,分二路渡过涅曼河侵入俄境,企图歼灭对面俄军20余万,一战定胜负。俄军在巴克莱指挥下执行后退决战方针,但引起强烈不满。8月20日换上库图佐夫出任俄军总司令,不到一星期就在博罗季诺和法军血战,双方伤亡惨重。尔后俄军主动撤离莫斯科,机动至卡卢加,威胁法军交通线,并组织军民"坚壁清野",袭扰法军。法军饥寒交迫.只好撤出莫斯科.沿南方撤回。俄军转入反攻,追歼大量法军。法军丧失了全部骑兵和几乎所有炮兵,只剩3万人退出国境。1812年俄法战争在欧洲史上占有重要地位,也是拿破仑一生中的重要转折点,战争的内容和事件在很多文献和艺术作品中都有记载。柴可夫斯基于1880年创作了著名的《1812序曲》来纪念俄国军民击退拿破仑的入侵赢得战争的胜利。

数据可视化领域中最经典案例也是以1812年俄法战争为主题的。 1869年,Charles Joseph Minard 用图 2-8 描绘了拿破仑入侵俄国失败并退回法国的过程。

图中用流（Stream）来表示拿破仑的军队，流的宽度表示军队的规模，浅灰色的流表示进攻过程，黑色的则是撤退过程，而且流的方向和路径代表了行军路线。从图中我们可以清楚地看到法军遭受的挫败和人员损失。

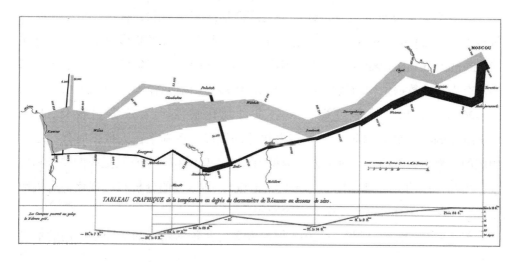

图 2-8 数据可视化领域中最经典的案例——1812 年俄法战争

如果用语言文字描述这个过程需要花费大量的功夫，Minard 只用了一张图和少量的数字与文字就达到了同样的效果。Minard 被认为是在工程和统计中应用图画的先驱，上图被认为是最早的数据可视化的案例之一。

数据可视化是将数据转化为易于理解的蕴含信息和知识的可视化对象的理论、方法和技术。数据可视化是艺术的科学同时也是科学的艺术。

2. 理论和应用

数据可视化可分为科学可视化（Scientific Visualization）、信息可视化（Information Visualization）和可视化分析（Visual Analytics）。

数据可视化起源于计算机图形学（Computer Graphics）并随着计算机科技的发展不断地扩大其边界。利用计算机绘制图形最开始应用于科学研究。1987 年，Bruce H. McCormick，Thomas A. DeFanti 和 Maxin D. Brown 编写了美国科学基金会报告《科学计算中的可视化》（*Visualization in Scientific Computing*）。报告中提出：可视化是一种计算方法。它把符号转化为图形，使研究者能够通过计算机进行模拟和观测，帮助人们对科学计算的概念和结果进行深入的理解。之后随着这种科学技术在生物学、医学、建筑学和气象学等领域的广泛应用,科学计算中的可视化(Visualization in Scientific Computing)这一概念逐步演化为科学可视化(Scientific Visualization)。

随着个人计算机的普及,计算机更广泛地应用于商业、管理、金融和媒体等行业。在20世纪90年代,可视化在这些行业的应用逐渐形成了信息可视化(Information Visualization)。与科学可视化不同的是,信息可视化所展示的内容没有固有的数据结构和数据形式,更加灵活多样,包括新闻、股票、社交网络等。

2000年之后,科学可视化和信息可视化被统一为数据可视化(Data Visualization),这一领域一直保持着快速的发展,特别是在大数据时代,这一领域的重要性日益凸显。对于大量数据的分析、理解和展示有着更高的要求和挑战。据此形成的分析可视化(Visual Analytics)使数据的分析与可视化更有机地结合在一起,而且可以实现交互式的操作。

图2-9为《纽约时报》对2012年伦敦奥运会各国获得的奖牌数应用的信息可视化。[①]

图2-9　2012年伦敦奥运会各国获得的奖牌数应用的信息可视

数据可视化对数据的展现要尽量满足:直观、清晰、精确和高效的要求。对于数据变量的表达有多种不同的方式和细节,包括了:位置、形状、颜色、质地、大小等。对于图像的形式也有多种选择,包括:柱状图、饼状图、散点图、线图和网络图等。

---

① https://www.nytimes.com/interactive/projects/london2012/results.

延伸阅读

数据"游戏"

我们来玩一个小游戏，下面这个数据集是由[x, y]数据对组成。请你观察这个数据集10秒钟，然后告诉我x值最大和y值最大的数据来源。①

[174.0, 65.6], [175.3, 71.8], [193.5, 80.7], [186.5, 72.6],
[187.2, 78.8], [181.5, 74.8], [184.0, 86.4], [184.5, 78.4],
[175.0, 62.0], [184.0, 81.6], [180.0, 76.6], [177.8, 83.6],
[192.0, 90.0], [176.0, 74.6], [174.0, 71.0], [184.0, 79.6],
[192.7, 93.8], [171.5, 70.0], [173.0, 72.4], [176.0, 85.9],
[176.0, 78.8], [180.5, 77.8], [172.7, 66.2], [176.0, 86.4],
[173.5, 81.8], [178.0, 89.6], [180.3, 82.8], [180.3, 76.4],
[164.5, 63.2], [173.0, 60.9], [183.5, 74.8], [175.5, 70.0],
[188.0, 72.4], [189.2, 84.1], [172.8, 69.1], [170.0, 59.5],
[182.0, 67.2], [170.0, 61.3], [177.8, 68.6], [184.2, 80.1],
[186.7, 87.8], [171.4, 84.7], [172.7, 73.4], [175.3, 72.1],
[180.3, 82.6], [182.9, 88.7], [188.0, 84.1], [177.2, 94.1],
[172.1, 74.9], [167.0, 59.1], [169.5, 75.6], [174.0, 86.2],
[172.7, 75.3], [182.2, 87.1], [164.1, 55.2], [163.0, 57.0],
[171.5, 61.4], [184.2, 76.8], [174.0, 86.8], [174.0, 72.2],
[177.0, 71.6], [186.0, 84.8], [167.0, 68.2], [171.8, 66.1],
[182.0, 72.0], [167.0, 64.6], [177.8, 74.8], [164.5, 70.0],
[192.0, 101.6], [175.5, 63.2], [171.2, 79.1], [181.6, 78.9],
[167.4, 67.7], [181.1, 66.0], [177.0, 68.2], [174.5, 63.9],
[177.5, 72.0], [170.5, 56.8], [182.4, 74.5], [197.1, 90.9],
[180.1, 93.0], [175.5, 80.9], [180.6, 72.7], [184.4, 68.0],
[175.5, 70.9], [180.6, 72.5], [177.0, 72.5], [177.1, 83.4],
[181.6, 75.5], [176.5, 73.0], [175.0, 70.2], [174.0, 73.4],
[165.1, 70.5], [177.0, 68.9], [192.0, 102.3], [176.5, 68.4],

---

① http://echarts.baidu.com/echarts2/doc/example/scatter1.html.

[169.4, 65.9], [182.1, 75.7], [179.8, 84.5], [175.3, 87.7],
[184.9, 86.4], [177.3, 73.2], [167.4, 53.9], [178.1, 72.0],
[168.9, 55.5], [157.2, 58.4], [180.3, 83.2], [170.2, 72.7],
[177.8, 64.1], [172.7, 72.3], [165.1, 65.0], [186.7, 86.4],
[165.1, 65.0], [174.0, 88.6], [175.3, 84.1], [185.4, 66.8],
[177.8, 75.5], [180.3, 93.2], [180.3, 82.7], [177.8, 58.0],
[177.8, 79.5], [177.8, 78.6], [177.8, 71.8], [177.8, 116.4],
[163.8, 72.2], [188.0, 83.6], [198.1, 85.5], [175.3, 90.9],
[166.4, 85.9], [190.5, 89.1], [166.4, 75.0], [177.8, 77.7],
[179.7, 86.4], [172.7, 90.9], [190.5, 73.6], [185.4, 76.4],
[168.9, 69.1], [167.6, 84.5], [175.3, 64.5], [170.2, 69.1],
[190.5, 108.6], [177.8, 86.4], [190.5, 80.9], [177.8, 87.7],
[184.2, 94.5], [176.5, 80.2], [177.8, 72.0], [180.3, 71.4],
[171.4, 72.7], [172.7, 84.1], [172.7, 76.8], [177.8, 63.6],
[177.8, 80.9], [182.9, 80.9], [170.2, 85.5], [167.6, 68.6],
[175.3, 67.7], [165.1, 66.4], [185.4, 102.3], [181.6, 70.5],
[172.7, 95.9], [190.5, 84.1], [179.1, 87.3], [175.3, 71.8],
[170.2, 65.9], [193.0, 95.9], [171.4, 91.4], [177.8, 81.8],
[177.8, 96.8], [167.6, 69.1], [167.6, 82.7], [180.3, 75.5],
[182.9, 79.5], [176.5, 73.6], [186.7, 91.8], [188.0, 84.1],
[188.0, 85.9], [177.8, 81.8], [174.0, 82.5], [177.8, 80.5],
[171.4, 70.0], [185.4, 81.8], [185.4, 84.1], [188.0, 90.5],
[188.0, 91.4], [182.9, 89.1], [176.5, 85.0], [175.3, 69.1],
[175.3, 73.6], [188.0, 80.5], [188.0, 82.7], [175.3, 86.4],
[170.5, 67.7], [179.1, 92.7], [177.8, 93.6], [175.3, 70.9],
[182.9, 75.0], [170.8, 93.2], [188.0, 93.2], [180.3, 77.7],
[177.8, 61.4], [185.4, 94.1], [168.9, 75.0], [185.4, 83.6],
[180.3, 85.5], [174.0, 73.9], [167.6, 66.8], [182.9, 87.3],
[160.0, 72.3], [180.3, 88.6], [167.6, 75.5], [186.7, 101.4],
[175.3, 91.1], [175.3, 67.3], [175.9, 77.7], [175.3, 81.8],

[179.1，75.5]，[181.6，84.5]，[177.8，76.6]，[182.9，85.0]，
[177.8，102.5]，[184.2，77.3]，[179.1，71.8]，[176.5，87.9]，
[188.0，94.3]，[174.0，70.9]，[167.6，64.5]，[170.2，77.3]，
[167.6，72.3]，[188.0，87.3]，[174.0，80.0]，[176.5，82.3]，
[180.3，73.6]，[167.6，74.1]，[188.0，85.9]，[180.3，73.2]，
[167.6，76.3]，[183.0，65.9]，[183.0，90.9]，[179.1，89.1]，
[170.2，62.3]，[177.8，82.7]，[179.1，79.1]，[190.5，98.2]，
[177.8，84.1]，[180.3，83.2]，[180.3，83.2]

这项任务对于大多数人都很困难，笔者本人也是无法做到。我们进行数据可视化处理之后（图2-10），再试试：

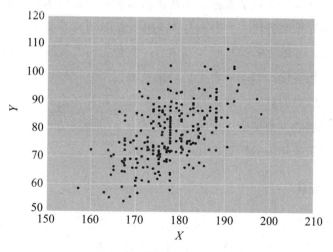

图 2-10　数据可视化"游戏"

现在我们可以一眼就找出图中X和Y值最大的点。人类大脑对图像的认知和理解的能力要优于对文字和数字，因此数据可视化在意义构建（Sense-making）和交流传播（Communication）方面相比于单纯的数据具有显著的优势。

三、大数据应用的未来与优势

大数据和相关的技术将如何应用是大家普遍关心的一个话题，对于这个问题可谓是仁者见仁，智者见智，对于这个问题的论述也是汗牛充栋。不过，任何大

数据的应用都会围绕三个关键点展开：数据、计算能力和算法，而这三个关键点在实现上正好对应着大数据、云计算和人工智能（图2-11）。

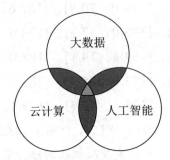

图2-11　大数据应用的三个关键点

大数据与云计算结合包括数据、大数据技术和云计算技术而构成基础服务：即数据资源化和计算服务化；大数据与人工智能结合通常是探索研究形成创新的技术原型，例如，谷歌大脑的猫脸识别项目，大数据与人工智能的结合在于促使知识发现的过程智能化：自动或者半自动地从数据中发现知识；人工智能与云计算的结合通常是成熟的解决方案，通过充分的训练和测试之后可以方便地应用和推广。未来的成功的大数据应用通常应该是这三个方面的结合，概括起来就是数据资源化、计算服务化和分析智能化。

1. 数据资源化

海量异构数据的出现一开始造成了数据存储和数据分析方面的诸多问题，力图解决这些问题成为了大数据技术产生和发展的原动力；然而随着大数据技术的逐渐成熟，进行大数据分析的成本在逐渐降低，同时从大数据中发现价值的收益在逐渐增大，这就使得数据本身成为了一种资源。

著名的计算机科学家、图灵奖得主James Gray在2007年NRC-CSTB（National Research Council-Computer Science and Telecommunications Board）大会上，做了题为《一种新的科学方法》（A Transformed Scientific Method）的演讲，在这次演讲中他提出了著名的第四范式理论（the Fourth Paradigm）：人类科技发展过程中已经经历了三种范式。几千年前，科学在最初是经验主义的，以描述自然现象为特征，这是第一范式；在第一范式形成几百年以后，人们从现象中抽象出模型，通过理论进行研究，经典物理学包括牛顿三定律和麦克斯韦电磁理论等都属于这个范畴,这是第二范式;几十年前,在计算机被发明之后很快就被应用到对科学实验进行模拟,这显著地加速了科学研究的进程,并成为了必不可少研究方法,这是第三范式;现在,我们正处在数据爆炸时代,科学研究需要收集仪器观测和模拟生成的数据,利用计算机存储和处理数据,利用数据管理和统计工具分析数据,这是第四范式。[①]

在第四范式,数据获取已经成为科学研究的前提,而且数据的获取和分析是实时与动态的。因为大数据时代的到来,James Gray 当年的想法正在逐渐成为现实,例如,在天文学领域,有的观测仪器每天能够产生 PB 量级的观测数据,这些数据被提供给公众进行分析,分析的结果也可以进行相互共享。

在商业应用领域,当数据规模从小数据变成大数据之后又开始产生奇妙的变化。谷歌公司在自然语言分析的研究中发现,在不改变算法的情况下,更大的数据集可以降低收到一个单词时推测下一个单词的错误率。据此,谷歌的产品研发总监 Peter Norvig 表示:"我们并没有比别人更好的算法,我们只是有更多的数据。"(We don't have better algorithms than anyone else. We just have more data.)Peter Norvig 和他的谷歌同事于 2009 年在 IEEE Intelligent System 发表了《the Unreasonable Effectiveness of Data》来论述数据规模对分析结果的影响。因此,对于某些应用,数据本身至少是和算法同等重要的,光有强大的算法而没有足够规模的数据也无法得到良好的结果。

2. 计算服务化

计算能力作为大数据应用的基础已经类似于电气革命中的电能。与此同时,搭建和维护大数据平台的技术门槛与人力投入决定了不可能所有有计算能力需求的实体都能拥有自己的平台,因此计算能力成为一种商业服务是必然的趋势,云计算的快速发展已经证明了这一点。

3. 分析智能化

大数据智能分析是在传统的数据挖掘上的飞跃。传统的数据挖掘对应的分别是业务数据、高性能服务器和机器学习。首先,数据挖掘是面向"小数据"设计

---

① Hey, T., Tansley, S. & Tolle, K. (Eds.). (2010). The Fourth Paradigm: Data-Intensive Scientific Discovery.

的，而大数据智能分析面向的是"大数据"，所以二者所依托的软件和硬件架构是不一样的。

另外，传统的数据挖掘把获得的知识用于人的决策支持而没有自动地上升到智慧的层面。现在大数据、云计算和人工智能的结合的目标是不仅要使知识发现的过程自动化，而且还要从知识层面飞跃到智慧层面，例如，AlphaGo学习了人类的棋谱之后会生成人类之前没有实现过的下棋方法。传统数据挖掘和未来智能化应用之间的差别类似于地图导航应用和人工智能自动驾驶汽车之间的差别：地图导航会收集汽车的位置数据、路况数据和地图数据进而计算出可供选择的路线，但是采用什么样的路线和如何驾驶是由驾驶员决定的，地图导航应用的作用就是决策支持；自动驾驶汽车在获得目的地数据之后不仅要计算出路线，而且还需要控制汽车的行驶，更重要的是要根据行驶过程发生的各种情况做出判断和决策。因此，相比于传统的数据挖掘，这是范式上的全面升级。

在计算机领域有人把计算机架构部分的"古老"知识称为恐龙（Dinosaur）；以此为例的话，传统的数据挖掘就类似于熊猫了。虽然比不上恐龙，但是相比于这些新生代的科技也够古老的了，现在依然存在但是自然条件下的生存环境已经很有限了。无疑，传统数据挖掘的工具和方法论对于很多问题依然有效，但昨日的大数据已经成为今日的小数据，今日的大数据正在成为明日的小数据。科技日新月异的时代需要在理论和方法层面不断地推陈出新，新的科技浪潮也会催生出新的方法论和新的商业应用模式，对此我们拭目以待。

第三章

人力资源大数据分析及应用场景

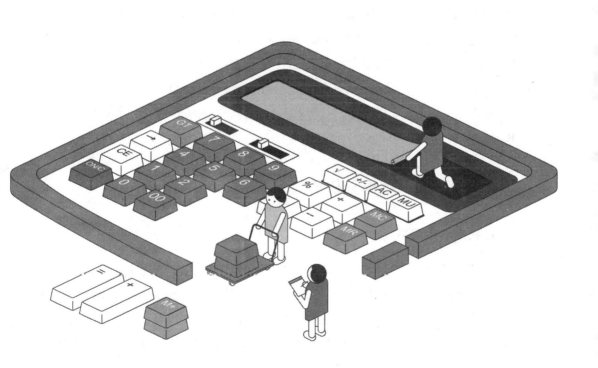

第一节 人力资源大数据分析模型

像 Facebook、Google、LinkedIn、Twitter 等这些优秀的互联网公司，它们的人才战略和实践是如何影响企业文化和业务发展的？相对于其他传统的 HR 部门，这些公司的 HR 如何赢在起跑线上？现任美国德勤咨询（Deloitte Consulting）人力资本顾问经理 Tracy Wang 总结了几条原因，其中之一便是人才决策用数据说话——不管是大数据还是小数据，能用数据讲故事的 HR 才能展现价值。对于 HR 来说，面对新经济形式及科技发展新趋势，我们的能力就是改变！组织变革、人力资源战略转型、AI 时代、数字经济、人工智能、云计算、大数据，HR 必须要关注这些关键词。

一、人力资源大数据分析价值

1. 数据思维习惯

HR 在工作及行动之前，要习惯于花一定的时间在分析问题上面。如果你已经收集了历史数据（描述性分析），并且用这些数据来分析未来会发生什么（预测性分析），然后设计一套方案去解决之前存在的问题，很有可能之前的问题就不会再出现（处方性分析）。这是一种有效的管理方式。能够使管理者集中精力有效地把组织向前推进，而不是无限地重复过去。

2. 分析的三个层次

预测分析的出现为组织管理潜力的提升提供了强有力的实用工具。分析是艺术和科学的结合。艺术教会我们如何感知世界，科学教会我们如何做好事情。当提到分析，人们会自然而然地联想到统计学，但这是不完全正确的。在数据分析中，统计学确实起到了重要作用，但是这些作用是在我们充分理解了问题内部的各个元素，相互作用和关系之后才开始产生。分析首先是思想框架和逻辑过程；其次才是一系列的统计操作。

信息的交流和汇集对人力资源或者是人力资本分析至关重要。这需要相互分离的数据源，尤其是活动数据，包括调查数据，公司历史数据，管理数据等。有了这些数据才能去完成尽可能完整的现在和未来公司面貌的拼图。这一过程有利于公司做出更好的决策并在实际应用中得到了验证。分析可以分为描述性分析、预测性分析、处方性分析三个层次。

（1）描述性分析。传统的人力资源矩阵包含了相对高效的工具，例如，员工流动率、岗位空缺时间、招聘成本、雇员人数和培训人数等。描述性人力资源分析描述了不同因素之间的关系和历史数据所包含的模式。这是一切分析的基础，其中包括了仪表盘、计分卡、劳动力分布、基本模式的数据挖掘和周期报告。

（2）预测性分析。预测性分析运用统计、建模和数据挖掘等技巧，通过分析现有的和历史数据对未来进行预测。分析结果是关于概率和可能的影响。例如，预测性分析通过建模来提高雇用、培训和提拔正确员工的概率。

（3）处方性分析。通过分析复杂的数据来预测结果，提供决策选项并展示其他的商业影响（组织优化、业务发展等）。

总体上讲，分析过程包括了从简单的人力资源矩阵报告到对商业应用的处方性分析。虽然金融资本（现金）和经济资本（无形资产）是商业的血液，但是一切商业的经营和运作最终都要人来执行。

3. 分析的两种价值

对应企业来说，最根本的管理问题是我们如何才能有效地管理人才。相比于有形资产，人的行为更加复杂和难以预测。这种不确定性使很多管理人员更关注于有形资产，但最终公司都需要通过员工的劳动来创造价值。

分析的目的是在大量的数据中找到最好的路径去发现隐藏的价值。这些价值体现为两种形式：经济的和金融的。经济数据包括了大量非现金的物品和流程，例如市场知名度，顾客满意度等表外项目资产。但它们最终会转化成为金融价值。金融价值包括现金、股票与债券等流动性资源。这些都包括在收益表和资产负债表。

对于人力资源分析的价值主要有以下几个方面：

（1）监控企业的状态；
（2）辨别需要重点关注的部门；
（3）发现影响企业的关键因素；
（4）预测劳动力水平；
（5）研究员工为什么选择留下或者离开；
（6）如何使员工不断适应商业环境的变化。

4. 分析的作用

数据分为结构化和非结构化两类。金融数据大多是结构化的，而经济数据和无形资产数据主要是非结构化的。如图3-1所示的分析和数据的关系，从工业革命以来的200多年，我们一直在关注结构化数据：成本、运营周期、产量等。但是根据IBM的研究，现在至少80%的数据是非结构化，包括图片、音频和视频等。随着社交网络的爆炸性增长，非结构化数据还会持续增长。而且结构化数据和非结构化数据在相互融合而成为混合型数据。虽然混合型数据是未来分析的关键，它同时也使分析过程变得更加复杂。①

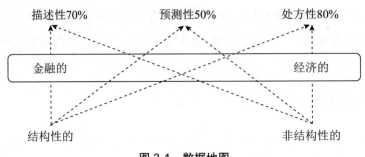

图3-1 数据地图

---

① Jac Fitz-Enz, John R. Mattox Ⅱ. Predictive Analytics for Human Resources.

这也是为什么分析是必不可少的。当我们面对复杂的混合型数据，只有通过逻辑考证和统计研究才有可能透过现象看到本质。

正如金融和市场领域一样，人力资源领域一直在发生着变化。劳动力供给和成本，技能培训和领导力等都随着市场和商业需求在持续地发生着变化。因为市场的变化，竞争对手的行为、新技术的出现等都可能导致上一年的招聘策略不再有效。随着经济的发展，获得和留住具有核心技能的人才变得越来越困难。这些挑战都需要我们运用分析来优化人力资源管理。

5. 分析的目的

数据分析的目的，最终可以实现"Intelligent"，助力 HR 服务智能化；达到"Insight"，进行深度洞察，通过数据驱动决策建议；实现"Individual"，促进个性化和精细化管理（图 3-2）。

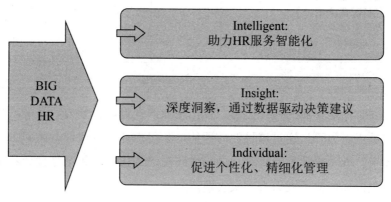

图 3-2　HR 大数据分析的目的

6. 分析的价值链

经济和金融价值需要从一系列相关联的活动中获得。在现实中，这些活动像交流电一样在公司的战略规划和运营执行之间来回往返。这个过程展现在图 3-3 中。战略管理链条开始于公司顶层的战略规划，需要回答的核心问题是：如何创造收入？这个问题对所有的公司都适用，每个公司又有不同的答案。公司要获得持续的繁荣需要在投入资源之前尽可能地熟悉市场。这其中包括客户、竞争者、科技、政府政策、经济环境和劳动力市场以及其他的宏观条件。

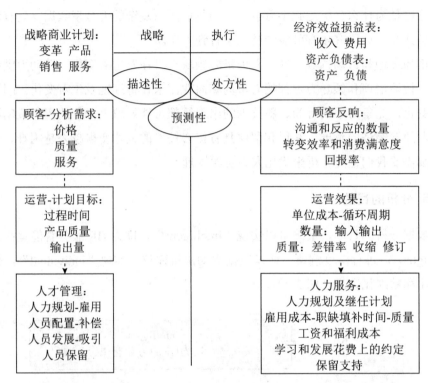

图 3-3　分析的价值链

管理同时也是企业的内化能力，包括企业的视野、领导力、品牌、文化、金融实力和员工能力等。通过这种双向评估，公司拟订计划通过产品和服务来满足客户的需求。下一步就是通过客户的需求和反馈进行实际的产品设计和生产。以上的公司运营都依赖于人力资源来实现。

接下来，价值链将从计划层面转入执行层面。如果没有合适的人执行，计划将只是空谈。从这个角度来看，人力资源分析的目的在于发现劳动力管理的最有效方法、优化员工表现和留住人才。因此人力资源部门有责任在招聘、薪酬、激励和维持人才等方面为运营主管提供支持。

本质上，分析是一种可以用来发现机遇、解决问题和预测投入产出的管理工具。像其他工具一样，能否被正确地使用和是否是一个好的工具是两个不同的问题。如果不想实际解决问题，任何工具都是没有作用的。因此，核心还是使用分析工具的人。

二、人力资源大数据分析模型

1. 提出问题

分析的过程并不只是进行统计分析。分析任何问题的第一步是提出问题。图 3-4 展示了分析一个具体问题的过程。通过提出问题来聚焦到需要解决的核心问题上。

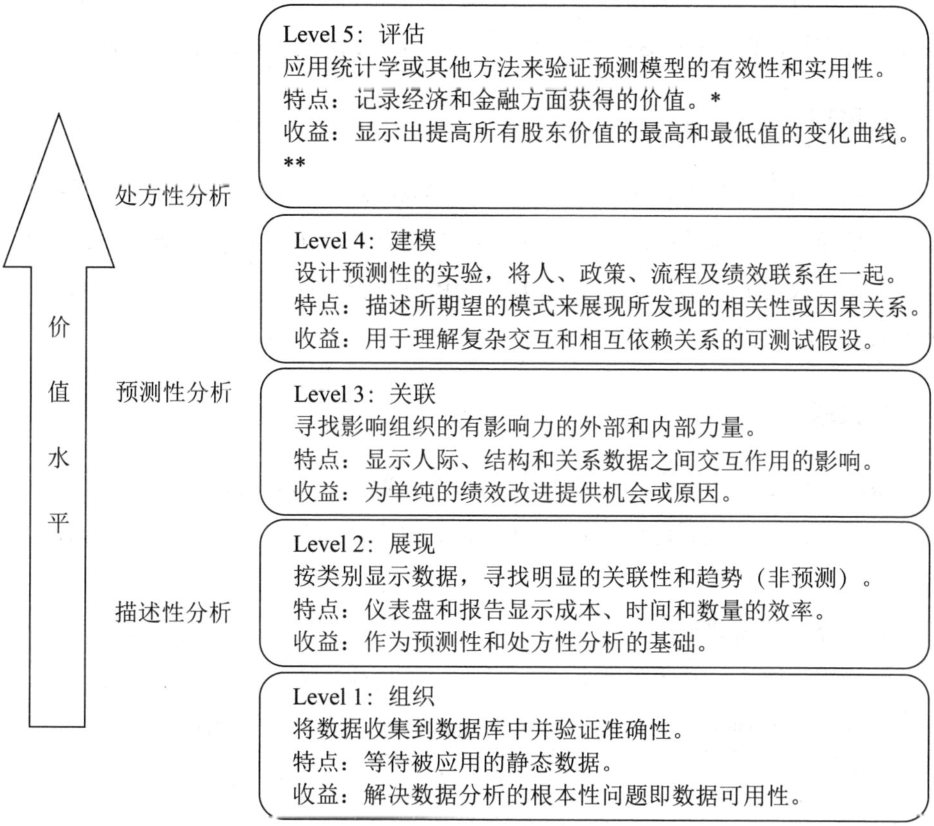

价值水平（由低到高）：描述性分析 → 预测性分析 → 处方性分析

Level 5：评估
应用统计学或其他方法来验证预测模型的有效性和实用性。
特点：记录经济和金融方面获得的价值。*
收益：显示出提高所有股东价值的最高和最低值的变化曲线。**

Level 4：建模
设计预测性的实验，将人、政策、流程及绩效联系在一起。
特点：描述所期望的模式来展现所发现的相关性或因果关系。
收益：用于理解复杂交互和相互依赖关系的可测试假设。

Level 3：关联
寻找影响组织的有影响力的外部和内部力量。
特点：显示人际、结构和关系数据之间交互作用的影响。
收益：为单纯的绩效改进提供机会或原因。

Level 2：展现
按类别显示数据，寻找明显的关联性和趋势（非预测）。
特点：仪表盘和报告显示成本、时间和数量的效率。
收益：作为预测性和处方性分析的基础。

Level 1：组织
将数据收集到数据库中并验证准确性。
特点：等待被应用的静态数据。
收益：解决数据分析的根本性问题即数据可用性。

备注：
* 金融数据：政府、企业或社团的资金或其他流动资源。
  经济数据：有实际的非现金意义或使用有一定影响的物质资源。
  市场信用。
**包含股东、客户、雇员和社区

图 3-4　数据分析的层次

2. 规划

规划是分析的第二步。这一步从收集和组织人力资源数据开始，这一步通常困难重重。对大多数企业而言，首先拥有信息系统和数据库的是财务部门；其次是研发部门；最后是产品和市场销售部门。人力资源系统开始出现在市场是大概1970年。之后，出现了处理福利和保险的信息系统，再后又有了用于培训的信息系统，但是这些系统都是相互独立的。这些信息系统只是对数据进行保存和更新，几乎没有任何的分析功能。这也就是为什么今天要建立一套分析系统是如此耗时和成本高昂的原因。这些信息系统从一开始就不是为了做数据分析而设计的。

3. 展现

完成了基本的数据收集之后，很多公司都通过仪表盘来给内部用户提供数据。仪表盘是描述性数据的扩展，体现了当前的状态和未来的趋势。如同财务数据一样，仪表盘报告的是历史数据。过去的趋势是否会延续取决于现象背后的支撑条件和对未来的假设。

4. 关联

在这个层面，重点在于关注数据之间的关系。一个普遍操作是把所在公司的数据和其他公司的数据进行比较。而且需要相比较的公司之间有足够的相似性，比如竞争对手之间。

数据分析还需要认识到在组织中有三种不同类型的资本：人力资本，结构化资本和关系化资本。人力资本是公司员工。结构化资本是公司拥有的资产，包括设备、软件、专利等。关系化资本是公司内部和公司与外界的连接。这一分类展现在了表3-1中。一种类型的资产发生变化会影响其他类型的资产。

表3-1 组织资本之间的关系

驱动	组织资本之间的反应		
外部因素：	人力资本 →	结构化资本 →	关系化资本
经济减缓	减少劳动力	廉价销售不动产	留住客户
技术劳工短缺	必须的新技能	转变管理风格	寻找新的加盟方
技术进步	增加培训	投资新设备	重建供应商关系
客户投诉	聚焦服务	改造实体店	降低员工流失率
新竞争对手的产品	告知员工	加速研发	加速产品上市时间
政府行为	新的福利规定	生产或使用绿色产品	游说立法机关

续表

驱动	组织资本之间的反应		
内部因素： 新公司愿景 领导能力空缺 文化 品牌 资产	向员工解释 加快发展 开始变革 定义员工 冻结工资增长	新标识 更大的控制范围 重新设计工作空间 改善服务 控制成本	广告 实施评估 促进服务文化 新的供应商关系 减少商务旅行

5. 建模

在这一层面，分析工作将从描述性提升到预测性。描述性分析是展示到目前为止发生了什么。通过历史数据来建立分析模型，例如，领导力模型。建立这个模型是为了回答关于领导力的特定问题，例如：构建领导力的目的是什么。

6. 评估

上一阶段建立的模型会把人、规则和流程连接起来去实现某一方面的优化。这一模型会对特定模式和关联进行预测。预测完成之后，可以对预测结果进行观察和校验。对模型的验证可以持续地进行。

7. 典型应用：员工流失分析

对员工流失率的研究是数据分析应用得最广的方面之一。因为分析所需要的数据都在人力资源的数据库中。员工信息包含原始信息，如入职时间、绩效报告、状态改变和离职时间等。这些数据可以用来研究员工留下或是离职的原因。但是鲜有研究人员对员工流失率对公司的商业影响进行深入研究。

Leigh Branham 一直致力于员工保留率的研究。他把员工的离职原因归为 67 类。其中，因为个人原因的离职无法预防，例如，重新回学校学习或者家庭迁走等。不过有 57 种原因是可以得到预防的。Leigh Branham 还指出如果员工有四方面的需求没有得到满足，离职的倾向就会增加。这四方面的需求是：信任、希望、付出得到回报和能力得到认可。Branham 进一步分出了相互独立的 7 大离职原因。[①]

（1）岗位或职场离预期太远；

（2）员工与岗位不匹配；

---

① 利·布拉纳姆. 留住好员工：揭开员工流失的 7 大隐秘. 王育伟, 译. 北京：中信出版集团.2017.

(3) 对员工的指导和反馈严重缺失；

(4) 发展与晋升机会太少；

(5) 感觉未得到重视和认可；

(6) 因工作过度和工作与生活失衡承受了巨大压力；

(7) 对高层领导失去信任和信心。

8. 关于数据分析的两个重要原则

数据标准必不可少和无形资产的重要性是关于数据分析的两个非常重要的原则。会计学发展了一整套标准去规范财务数据。如果没有统一的标准，财务报表将变得混乱和无法理解。最终，全球会统一使用一套会计学标准。人力资源迄今为止还没有一套统一的标准。但是建立一套行业标准确实至关重要。从20世纪80年代中期以来，人力资源已经掌握了人力资源管理过程中"有形"部分，例如，招聘和培训的花费、薪酬、人力成本等。领导力、工作意愿、投入程度、企业文化、责任心、忠诚度、公司品牌是人力资源的无形资产，现在应该更加关注"无形"的部分，对"无形"部分的优化能够为公司持续地创造价值。

三、人力资源大数据分析路径

利用大数据进行分析首先要清楚分析的目的，明白要向公司高层传递什么样的信息，然后根据目的进行大数据的挖掘，比如根据个人网络行为、电话信息、GPS、监测信息、身体状况、社会媒体、购买行为、信用信息、宏观经济情况等获取相应数据，经过算法、建模等流程分析过去发生了什么？现在会发生什么？为什么发生？将来会发生什么？以做出可以付出行动的预测，为管理决策提供依据（图3-5）。

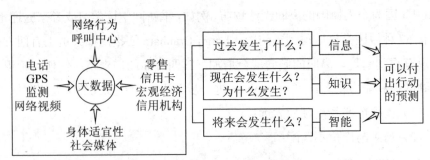

图 3-5　人力资源大数据分析路径

1. 数据从哪里来？会共享吗？

当你明白了要向公司高层传递什么样的信息的时候，就可以真正动手执行了。通常来说，最困难的部分是收集数据。好在人力资源系统在不断地优化，IT部门可以提供有效的帮助。而且，随着人力资源共享服务中心的进一步发展，数据的存储更加完备。下一步就是如何用正确的方法从正确的人那儿得到数据。

对于大多数公司来说，IT部门会有你所需要的数据，因为人力资源信息系统都是由他们部署和维护的，人力资源共享服务中心也存储了大量数据。虽然人力资源系统一直在不断地发展和更新，有价值的人力资源数据仍然分布在不同的系统中。表3-2展示了要完成数据分析所需的不同数据源。

表3-2 数据来源

效 率	效 力	产 出
人力资源信息系统	评价体系	业绩评价系统
营业清购单的数量	学习满意度	生产速度
补充空缺职位的时间	评估结果	生产率衡量
与职位相关的薪酬	业绩评价系统	质量体系
财务系统	业绩等级	失误率
雇用新资源的成本	高潜人才鉴别	客户服务或管理体系
培训新员工成本	人力资源信息系统	顾客忠诚度
	一个季度或一年的营业额	销售额
	丢失的生产能力（薪水×没有满工作的时间）	客户管理/财务
		税收/实习生

不同的公司的成熟程度差别巨大。有的公司每天都收集和使用他们的数据，而有的公司要识别核心绩效指数都举步维艰。对于不太成熟的公司，这个过程当然就更加艰难。

判定数据源是必不可少的步骤，但除此之外还有更多的工作需要完成。有的时候数据拥有者并不能够或者愿意去分享数据。这可以有各种原因或者理由，例如，现有信息系统不支持数据导出，或者有的数据是政府规范或者公司政策规定的"敏感"数据。个人隐私数据应该得到保护，比如性别、年龄、民族和健康状态等。经常出现的情况是，有的数据拥有者就是拒绝分享数据。在某些公司，需要高层的支持者来推动这项工作，有时甚至需要建立标准的流程。所以要对此有心理准备。

2. 如何处理这些数据？

通常来说，收集这些数据是为了四个目的：描述、解释、预测和优化。

（1）描述。在描述公司现有状态时，尽量使用简单的统计词汇，例如，频率计数、平均值和标准差等。另外就是使用统一的标准。例如，用9级模型来说明员工的绩效。员工绩效可以用1～9之间的某个数字来表示。

（2）解释。描述之后紧接着是解释，这需要对数据进行挖掘，发现之间的关系。例如，我们根据员工的职业技能把员工分为初级、中级和高级，我们可能会发现一个隐藏的规律是绩效高的员工的职业技能级别更高。

通常企业的疑难杂症比表面症状要复杂得多。这是为什么我们需要通过分析来发现内部的关联。员工、运营流程、资源、顾客需求、新的法规，甚至天气都可能是症状的根源。比如，对于员工流失率，我们分析相关数据需要考虑以下问题：

总流失率是多少？

什么类型的员工会离开？

离开的员工处于职业生涯的哪个阶段？

他们为什么会离开？

如果我们已经找到了这些问题的答案。我们还想进一步知道些什么？员工流失有什么影响？员工流失率受哪些因素的影响？我们找寻答案的意义何在？如果我们不能把对员工流失率的分析和目的联系起来这些分析就没有意思，这些目的可能包括优化流程、降低成本和增加利润等。这是为什么我们反复强调在开始分析之前一定要投入足够的时间与精力来确定所要分析的目标。

（3）预测。推论统计，例如，相关性分析、回归分析和方差分析等可以帮助预测未来。方差分析可以帮助发现不同类之间的差别。相关性分析和回归分析可以发现不同变量之间的关系。例如，职业技能和绩效之间的关系。

（4）优化。预测模型完成之后，就可以实际执行来优化绩效。通过监控输入变量和实际的绩效来构建反馈的回路。这样公司用于优化绩效的投入就可以有的放矢。

优化的流程可以有多种形式。比如以下的情况：员工培训的预算减少了，但是目标没有改变，每年培训 X 名员工，在为期一个月的培训期内让员工熟练掌握所需技能。在这种情况下，效率就受到了影响。员工培训负责人需要根据预算来调整课程内容。这可以通过增加低成本的在线课程或者减少昂贵课程来实现。这样的改变导致的结果可能是员工培训参与度的降低,因为培训过程中面对面的交流减少了;课程数量的减少可能导致培训质量的下降。这些结果都需要实际数据来检验。

3. 数据格式

如今保存和传递数据的格式有很多种,包括 HTML、XML、HRXML、TEXT、CSV、SQL、SPSS、MS Excel 和 MS Access 等,而且数据格式的种类还在不断增加。HR 专业人士大多使用 MS Excel 和 MS Access,而 HR 信息系统通常用 SQL 等关系型数据库保存数据。因此能够整合不同的数据格式的数据至关重要。

4. 数据质量

数据质量会直接影响数据分析的结果。在进行数据分析之前,应该从以下几个方面对数据进行检查。

(1) 数据缺失。不是所有的数据集都是完整的。如果数据量非常大,而且只有比例很少的数据缺失,对整体的分析结果影响不是很大。但是,如果数据缺失比例达到一定程度,就要考虑把有数据缺失的变量从分析中除去,同时应该调查数据缺失的原因。

(2) 数据错误。录入错误是最常见的情况。拼写错误等发生的频率较低,而且容错率较高,对结果影响较小。但是持续出现的系统性错误,应该得到修正;数据库错误,在数据导出过程中,数据库错误时常发生,应该获取 IT 部门的帮助;数据排列错误,在数据整合的过程中,因为表单结构的变化,可能出现数据排列错误的情况。

5. 数据分析成熟度模型

根据图 3-6 数据分析成熟度模型,我们就关键步骤以百度为例进行分析。[1]

---

[1] 数据来源:王崇良. 2015 年 eHR 年度大会.

130 | 人力资源大数据应用实践

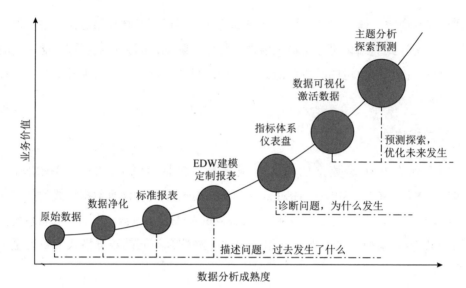

图 3-6　数据分析成熟度模型

（1）原始数据——数据净化

前文提到，数据获取最经常遇到的问题就是数据获取的壁垒。数据集中于财务部门、IT 部门，以及人力资源信息系统、人力资源共享服务中心平台等。这就需要打破信息孤岛（图 3-7）。人力资源原始数据的获取，同样需要打破招聘、入职、试用期、培训、绩效、发展、离职等各方面信息孤岛，多部门合作，才能采集到"大"数据。

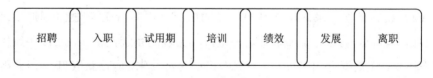

图 3-7　打破信息孤岛

（2）基础报表定制报表

人力资源的数据可以从比较成熟的 eHR 系统里导出基础报表，比如入职信息、人事主数据、离职信息，HROP 报表（入职、离职、在职），集团公司员工人数表，薪酬明细表及年平均工资表等（图 3-8）。

图 3-8　自定义明细报表

（3）指标体系搭建和仪表盘

在基础报表的基础上搭建人力资源指标体系，创建仪表盘。比如，人力资源指标体系搭建主要含人力资源概况、人力资源现状、关键人才分析、入职和离职分析。组织概况总览主要包含总人数、齐备率、离职率、人才占比；人力资源现状主要是在职人数、员工分布、人员流动、晋升分析；关键人才分析主要是人才流动、趋势分析、入离职对比；入职分析包含了入职人数、新入职结构分析、薪资涨幅分布；离职分析包含离职人数、一定期限离职率、趋势、分布、原因；销售分析包含收入增幅、效能分析、上线单量、定级分析等。分析的维度主要是组织、层级序列、司龄年龄、学历雇主、员工类型、汇报层级、管理幅度、绩效分档和渠道原因（图 3-9，图 3-10）。

图 3-9　自定义明细报表

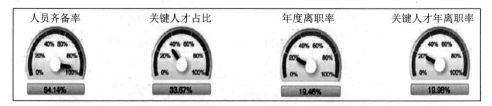

图 3-10　仪表盘

（4）数据可视化，激活数据

数据可视化的魅力并不在于统计，而在于表现数据与数据之间的关系。通过数据可视化，借助于图形化手段，清晰有效地传达与沟通信息（图 3-11）。

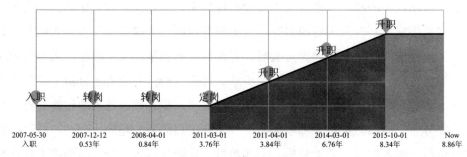

图 3-11　数据可视化

（5）HR 主体分析

对于 HR 的主体分析主要有聚类型、关联型和确认型。比如，聚类型：哪一类招聘人才来源进入企业后绩效更好？关联型：哪个人群在哪个阶段会遭遇到发展瓶颈？确认型：新员工入职后的绩效表现是否能够验证当初的招聘面试成绩（图 3-12）？

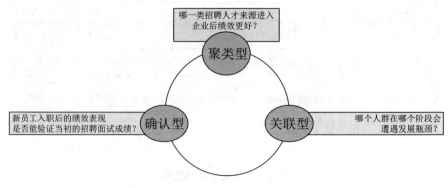

图 3-12　数据可视化

总体上而言，大数据预测分为三级。

大数据预测技术，打个比方，就像医院的化验一样，你是做血常规、还是核磁，呈现的形式不一样，无论是化验单上的数字反映是"+"号还是"-"号，指标上升还是下降，图谱正常还是异常，但是目的相同，就是找出"病根""病因"，对症下药，才能手到病除。

第一层：HRBP就相当于医生，拿到大数据预测报告后，结合自己对员工掌握的实际情况，开出"处方"。

第二层：建立员工标签体系，分为官方标签（HR、主管赋予的标签、获得的奖惩）、民间标签（互评）、隐形标签（大数据分析行为得到的）。大数据技术与标签体系结合，直接给HRBP输出建议报告（"处方"）。

第三层：建立神经网络体系，利用人工智能，在合规合理范围内，建立全面人才数据分析模型以及决策支持系统，直接开出"处方"。

四、人力资源大数据指标体系

数据分析在实际应用中的一大挑战是如何收集到分析所需的数据。这个问题本质上是如何把数据转化为有效的信息，最终转化为智慧。造成这个问题的主要原因是75%的人力资源部门在实际操作中并没有使用人力资源理论提供的矩阵，没有对历史数据进行收集、进行规范的定义与监控。没有这些基础工作的完成，就无法一蹴而就地进行数据分析。我们首先从人力资源指标体系角度界定人力资源数据分析的标准。

1. 人才管理指标体系

人才管理指标体系包含人员结构、人才队伍建设、队伍状态及职能类别等。

（1）人员结构指标体系

人员结构指标体系主要包含团队总人数、正式员工人数、实习生人数、关键人才人数、人员齐备率、当年和去年关键人才人数、占比、离职率年度趋势统计、当年齐备率趋势、去年齐备率趋势、员工类型分布、员工学历分布、关键人才分布、员工年龄分布等，指标适用场景及公司见表3-3。

表 3-3　人力资源指标体系——人才管理之人员结构

模块	指标	指标适用场景	公式
人员结构	团队总人数	可用于判断目前的员工队伍人数是否可以支撑业务发展，正式员工、实习生、关键人才的人数比例是否合理	（月初在职总人数 + 月末在职总人数）/2
	正式员工人数		（月初在职正式员工数 + 月末在职正式员工数）/2
	实习生人数		（月初在职实习生人数 + 月末在职实习生人数）/2
	关键人才人数		（月初在职关键人才人数 + 月末在职关键人才人数）/2
	关键人才占比		月平均在职关键人才 / 月平均在职正式员工
	人员齐备率		当月在职人数 / 当月 HC 人数
	当年和去年关键人才人数、占比、离职率年度趋势统计	1. 若本年度、月度关键人才离职率有较大变动（同比和环比），需要分析出现变动的原因	统计
	当年齐备率趋势、去年齐备率趋势	2. 若本年度、月度离职率和去年同期的趋势相比有较大变动，需要分析出现变动的原因	统计
	员工类型分布	月度实习生和正式在职员工所占比例	统计
	员工学历分布	各学历层次员工的占比，反映目前公司内部员工的教育状况	统计（例如，月硕士员工人数 = （月初硕士在职员工人数 + 月末硕士在职员工人数）/2）
	关键人才分布	界定关键人才	根据关键人才界定进行统计
	员工年龄分布	在职员工的年龄分布状况统计	统计
	员工平均年龄（组织/部门/层级）	不同维度下的在职员工平均年龄状况	$\sum$员工年龄 / $\sum$员工总人数
	员工性别分布（组织/部门/层级）	不同维度下的在职员工性别分布	统计
	员工最高学历分布（组织/部门/层级）	不同维度下的在职员工最高学历分布状况	统计
	员工平均教育年限（组织/部门/层级）	不同维度下的在职员工平均教育年限时长	$\sum$员工教育年限 / $\sum$员工人数
	员工平均司龄（组织/部门/层级）	不同维度下的在职员工平均司龄	$\sum$司龄 / $\sum$员工人数
	员工司龄分布	用于判断目前员工队伍的稳定性	统计

(2) 人才队伍建设

人才队伍建设指标体系主要是关键岗位人才储备完整率、关键岗位后备人员绩效分布、关键岗位后备人员年龄/性别/最高学历/司龄分布、劳动合同续签率、无固定期限合同人数等方面，具体指标适用场景及公式，详见表3-4。

表3-4 人力资源指标体系——人才管理之人才队伍

模块	指标	指标适用场景	公式
人才队伍建设	关键岗位人才储备完整率	1.用于判断目前企业关键岗位人员供给是否具有连续性，当关键岗位在职人员发生离职或转岗时能否保证新人员的高质量及时到位 2.用于判断目前关键岗位后备人员的个人素质是否满足要求	有后备人员的关键岗位数/公司所有关键岗位数
	关键岗位后备人员年龄/性别/最高学历/司龄分布		统计
	关键岗位后备人员绩效分布		统计
	90天内合同到期人数	根据90天内合同到期人数和以往的合同续签率来判断未来短期内可能出现的人才流失风险，为招聘工作做好准备	$\sum$（合同到期时间点-当前时间点≤90天）的人数统计
	劳动合同续签率		合同到期后选择续签的员工人数/合同到期的员工总人数
	无固定期限合同人数		统计

(3) 队伍状态

队伍状况可以从婚姻状况、健康指数、特长、兴趣爱好、星座、地区分布、个人状态指数、职位状态指数等角度建立指标体系。

(4) 职能类别

职能类别指标体系可以根据公司性质及公司职位管理体系进行设计。一般情况下，互联网公司的职位管理体系包含管理序列、专业序列、市场营销序列、服务支持、岗位序列员工分布、关键人才人数分布、各序列关键人才分布等，指标适用场景及公式详见表3-5。

表3-5 人力资源指标体系——人才管理之职能类别

模块	指标	指标适用场景	公式
职能类别	管理序列	基础指标	员工的岗位序列分布状况（管理类）
	专业序列	基础指标	员工的岗位序列分布状况（研发类）
	市场销售序列	基础指标	员工的岗位序列分布状况（市场/销售类）
	服务支持	基础指标	员工的岗位序列分布状况（服务支持类）

续表

模块	指标	指标适用场景	公　式
职能类别	岗位序列员工分布	该指标可用来判断企业员工在不同职能模块的分布结构	员工的岗位序列分布状况
	关键人才的人数分布（组织/部门）	该指标可用来判断企业中的关键人才在不同岗位序列中的分布结构	（月初研发序列中在职关键人才人数＋月末研发序列中在职关键人才人数）/2
	各岗位序列中关键人才的占比（组织/部门）	该指标可用来判断不同岗位序列中关键人才的占比是否合理	（研发序列月平均在职关键人才人数）/（研发序列月平均在职人数）

2. 人力资源运营管理指标体系

人力资源运营管理指标体系主要包含招聘、培训、绩效、薪酬、离职等指标。

（1）人力资源运营管理指标体系——招聘

从招聘角度而言，人力资源运营指标体系比较饱满，包含职位发布、招聘类型、招聘渠道、关键岗位平均空缺、简历总量、招聘渠道价值指数，内推相关指标，简历筛选相关指标，以及招聘有效性等丰富的指标体系，详见表3-6～表3-10。

表 3-6　力资源运营指标体系——招聘（1）

模块	指　标	指标适用场景	公　式
招聘	发布职位数	该指标反映了某段时间内招聘的需求量	某一时间段内发布的招聘职位总数（社招、内推、校招）
	招聘类型分布	该指标反映了某段时间内实习生/员工/劳务的招聘数量分布	实习生、正式员工、劳务人员的招聘数量比例分布
	招聘渠道简历数	该指标用于分析各个招聘渠道的简历来源数量，从而判定各个渠道的有效性程度	51/智联/内推/猎头/校园等来自不同渠道的简历数量统计
	关键岗位平均空缺时间	反映关键岗位补充周期的指标	$\sum$（当前时间－关键岗位空缺发布时间）/关键岗位平均空缺数
	简历总量	该指标展示了某段时间内投递的简历总量，可在一定程度上反映公司在行业内的竞争力	所有投递简历的数量统计
	招聘渠道价值指数	渠道分析指数	招聘渠道价值指数＝从该渠道招聘的人员数/该渠道的招聘成本

表 3-7　人力资源运营指标体系——招聘（2）

模块	指标	指标适用场景	公式
招聘	内推总数量	内推的有效性分析	招聘期间由员工内推的简历总数量
	内推招聘占比		内推简历/总简历数
	内推最终录用人数和比率		招聘期间内推成功人数以及内推人数占所有招聘人数的比率
	内推最终录用人员的层级分布		内推最终录用人员的级别分布、岗位分布情况统计分析
	内推员工的数量统计和分布		积极参与内推的员工数量统计，内推员工的体系部门分布
	内推员工与被内推录用人员的关系分析		亲戚、前同事/同学、朋友等

表 3-8　人力资源运营指标体系——招聘（3）

模块	指标	指标适用场景	公式
招聘	初筛简历流入至人才库的数量比率	该指标表明有多少简历未经笔试和面试直接进入人才库，在一定程度上表明职位投递简历的质量	初筛简历流入至人才库的数量比率=期间内初筛简历流入至人才库的数量/初筛简历数
	人才库简历重新推荐回候选人库的数量比率	该指标表明人才库中简历盘活的比例	比率=期间内人才库简历重新推荐回候选人库的数量/期间内人才库的平均简历数量

表 3-9　人力资源运营指标体系——招聘（4）

模块	指标	指标适用场景	公式
招聘	简历初筛通过率	招聘的有效性分析	简历初筛通过率=拟进行面试简历总数/系统内简历总数
	一面总人数		进行第一轮面试的总人数
	一面通过率		一面通过率=通过一面的人数/参加一面的总人数
	二面总人数		进行第二轮面试的总人数
	二面通过率		二面通过率=通过二面的人数/参加二面的总人数
	职位平均招聘时长		招聘周期=入职日期-简历发布日期
	录用率		录用率=拟录用人数/参加面试的总人数
	招聘完成率		招聘完成率=实际入职人数/计划招聘人数

表 3-10　人力资源运营指标体系——招聘（5）

模块	指标	指标适用场景	公式
招聘	offer 拒绝率	基础指标	offer 拒绝率 = 实际接受 offer 人数 / 拟录用人数
	offer 拒绝原因分析	基础指标	—
	报到率	基础指标	报到率 = 最终入职人数 / 接受 offer 人数
	招聘完成率	基础指标	招聘完成率 = 实际入职人数 / 计划招聘人数
	各部门招聘完成情况	基础指标	各部门的招聘完成率统计分析
	试用期通过率	该指标可以在一定程度上检验招聘工作的质量	试用期通过率 = 新入职员工试用期通过人数 / 入职总人数
	试用期离职率	该指标可以在一定程度上检验招聘工作的质量	试用期离职率 = 新入职员工试用期离职总数 / 入职员工总人数

（2）人力资源运营管理指标体系——培训

培训指标体系主要包含培训需求分布、新员工入职培训完成率、评价学习时长、员工对培训的满意度、讲师队伍结构、年度培训费用、培训费用占薪资比例等，其指标适用场景及公式详见表 3-11。

表 3-11　人力资源运营指标体系——培训

模块	指标	指标适用场景	公式
培训	培训需求分布	该指标反映了员工培训的不同需求点，培训需求分布指标可以指导之后的培训内容安排	调查问卷
	新员工入职培训的完成率	该指标反映了新员工对入职培训的参与度	完成入职培训的新员工人数 / 入职员工总数
	平均学习时长	该指标反映了员工在度学堂中学习的平均时间	∑员工在度学堂上的学习时间总和 / ∑在度学堂上学习的总人数
	员工对培训的满意度	该指标反映了员工对培训内容 / 讲师的满意程度	问卷调查
	内部讲师队伍结构	该指标反映了内部讲师队伍的多样化和专业性	统计
	年度外请讲师队伍结构	该指标反映了外聘讲师队伍的多样化和专业性	统计
	年度培训费用预算	该指标反映了年初公司对培训的费用预算	统计

续表

模块	指标	指标适用场景	公式
培训	培训费用总额	年度内公司为员工培训而花费的总支出	统计
	人均培训费用	该指标反映了公司为每个员工花费的平均培训费用	年度培训费用总额/年度平均在职人数
	培训费用占薪资的比率	该指标反映了年度培训费用占年度薪酬总额的比例	年度培训总费用/年度薪酬总额
	人均培训次数	该指标反映了年度内员工所接受的平均培训次数	年度内员工参加培训的总次数/年度平均在职人数

（3）人力资源运营管理指标体系——绩效

绩效指标主要包含低绩效人数占比、绩优股人数占比、转岗员工的绩效分布、离职员工的绩效分布、绩效申诉比率等，其适用场景及公式详见表3-12。

表3-12　人力资源运营指标体系——绩效

模块	指标	指标适用场景	公式
绩效	低绩效人数占比	该指标反映了目前企业中低绩效员工的人数占比	连续年度绩效4或一次5的员工人数/总人数
	绩优股人数占比	该指标反映了目前企业中绩效优异的员工人数占比	连续2年年度绩效1、2的员工人数/总人数
	转岗员工的绩效分布	该指标反映了年度转岗员工的绩效在各个等级上的人数分布情况	统计
	离职员工的绩效分布	该指标反映了年度离职员工的绩效在各个等级上的人数分布情况	统计
	绩效申诉比率	反映绩效管理制度和绩效文化执行得是否完善的指标	期间内人员绩效申诉总数/期间内参加绩效考评的员工总数

（4）人力资源运营管理指标体系——薪酬

薪酬指标主要包含地区及行业薪酬水平、消费者价格指数趋势、不同岗位序列平均薪酬水平、薪酬总额、福利总额、月人均薪酬增长率等，其适用场景及公式详见表3-13。

表 3-13 人力资源运营指标体系——薪酬

模块	指标	指标适用场景	公式
薪酬	地区薪酬水平	用于分析企业所在地区的总体薪酬水平	调研报告
	行业薪酬水平	用于分析行业的薪酬状况	调研报告
	消费者价格指数趋势和行业薪酬水平趋势的相关性	该指标用来在宏观层面指导公司的薪酬战略	分析报告
	不同岗位序列/层级员工平均薪酬水平	用于描述公司目前内部的薪酬水平	某序列员工薪酬总额/该序列员工总人数
	年度薪酬预算	基础指标	统计
	薪酬总额（年/季/月）	基础指标	本年内员工的薪酬总额（基薪＋奖金＋股票）
	福利总额	用于员工关怀和员工福利的支出总额	本年度内用于员工福利的支出总额
	福利构成	基础指标	统计
	月人均薪酬	该指标反映了公司内部月度人均薪酬支出	月薪酬总额/员工总人数
	月人均薪酬增长率	该指标反映了月度人均薪酬支出的增长幅度	（本月人均薪酬－上月人均薪酬）/上月人均薪酬
	薪酬总额增长率	该指标反映了月度总薪酬支出的增长幅度	（本期薪酬总额－上期薪酬总额）/上期薪酬总额
	关键人才薪酬增长率（环比、同比）	关键人才的月薪酬总额增长幅度	（本期关键人才薪酬总额－上期关键人才薪酬总额）/上期关键人才薪酬总额

（5）人力资源运营管理指标体系——离职

离职指标主要包含年度离职率、月度离职率（员工、关键人才、专业序列人才等）、最近离职关键人才、月离职人员特性、离职员工绩效分布等，其适用场景及公式详见表 3-14。

表 3-14 人力资源运营指标体系——离职

模块	指标	指标适用场景	公式
离职	年度离职率	当月之前 12 个月的离职人数占当月之前 12 个月的平均人数的比值	当月之前 12 个月的离职人数和/当月之前 12 个月的月平均人数
	月度离职率（员工/关键人才/主动/被动）	月度离职人数占当月平均在职人数的比值	月度离职总人数/（月初在职人数＋月末在职人数）/2
	最近离职关键人才数	当年 1 月至本月离职的关键人才明细	离职日期在当年 1 月至本月关键人才

续表

模块	指标	指标适用场景	公式
离职	月离职人员特性分布	当月离职的实习生和正式员工占比	月离职正式员工占比 = 月离职正式员工/月离职总人数
	离职员工绩效分布	月度离职员工的绩效分布状况	举例：绩效为3分的离职员工占比 = 月离职员工中绩效为3分的人数和/月离职员工总人数
	司龄离职率（季）（环比）	期间内、各司龄段的离职人数与所对应的司龄段的在职人数的比值	司龄离职率 = 期间内、该司龄段的离职人数/该期间内，该司龄段每个月的平均在职人数
	司龄离职占比（季）（环比）	期间内，该司龄段的离职人数占所有离职人数的比重	司龄离职占比 = 期间内，该司龄段的离职人数/期间内离职人数和
	当月离职原因（同比）	月度离职原因分布	统计
	离职补偿金	劳动法规定	统计

3. 人力资源组织效能指标体系

人力资源组织效能指标体系主要包含成本和收入，其适应场景及公式详见表3-15。

表3-15 人力资源组织效能指标体系

模块	指标	指标适用场景	公式
成本	年度人工成本总额	该指标反映了企业为员工工作和生活的支出总额。	∑（薪酬总额 + 五险一金 + 员工关怀支出）
	人均人工成本	人均人工成本可以分析企业间人工成本的结构差异，对各自竞争潜力和用工效率产生的影响，为调整人工成本使用方向和提高使用效益提供参照。	年度人工成本总额/年度平均在职人数
	人均人工成本增长率	人均人工成本增长率主要反映人均人工成本的变化趋势，一般来讲，人均人工成本总是处于增长的状态，但增长的速度对企业的竞争潜力、员工预期等方面会产生影响。	（本年度人均成本 - 上年度人均成本）/上年度人均成本
	人工成本含量	人工成本含量指人工费用在总费用中的百分比，反映劳动效率状况，人工成本含量在不同行业差别非常大，制造业一般在10%～20%，但软件行业可能会高达70%；人工成本含量与劳动分配率可以评价本企业人工成本投入在行业内的水平。	人工成本/总成本×100% 总成本即成本费用总额，包括产品销售成本、产品销售费用、管理费用和财务费用之和

续表

模块	指标	指标适用场景	公式
成本	人力成本预算执行率	反映人力成本预算的发放进度，监控预算执行情况。	发生额/预算额（可按照时间进行选择,如：累计到当期、当期）
收入	人均收入	基础指标。	年度总收入/年度内平均在职人数
	人力资本回报率	反映投向人力资本薪酬福利方面的每一元钱所创造出的利润情况。	[营业收入－（营业支出－薪酬费用－福利费用）]/（薪酬费用＋福利费用）
	人均净利润	反映人均贡献净利润的能力。	年度总的净利润/年度内平均在职人数
	人力资源比率	反映人力资源职能服务覆盖的宽度情况。	人力资源序列员工数/人数

五、人力资源大数据分析的组织环境

搭建数据分析的组织环境首先要明确数据分析的三个不同层次的价值目标。一是通过数据分析解决实际问题，比较员工流失问题、高潜人才挖掘等。二是组建分析部门，越来越多的公司高层和人力资源主管认为有必要建立数据分析团队。三是使数据驱动成为一种企业文化。

1. 高层及相关部门的支持

任何一项重要的变革，都需要来自公司高层的支持。公司中充满了权力游戏。你需要同事、领导、直至公司高层的支持来完成这一项事业。如果公司高层达成了共识将十分有利于团队的组建和获取必要的资源。同时，有的问题根源并不在人力资源部门，当这种情况发生时就不单单是一个人力资源项目，因此获得更大范围的支持就必不可少。

良好的关系建立在信任、共同的利益与目标和恰当的人际关系技巧上。那么，如何才能说服公司高层在人力资源分析上进行投入？如果想要得到公司高层的关注和支持，首先应该明白高层关心的问题是什么。人力资源分析是一种工具，可以帮助发现改进公司运营和财务的方法。在21世纪激烈的全球竞争中，CEO们要面对时时变化的环境。要成功地得到高层的支持，你需要找到一条通过这个时时变化的迷宫的方法。曾有 CEO 说过：公司中他最关心的问题是如何提高公司的收入。这是一种很有代表性的说法。即使高层关心的问题显而易见，最好在提出要求之前做好充分的研究准备。关注公司高层强调的要求和计划，观察公司高层在什么事务上花费时间和精力。

2. 组建分析团队

分析团队要能够适应公司的文化与组织架构。分析团队的成员最好既能够完成数据分析，又熟悉公司的业务。通常来说，这样的人才十分稀缺。

数据分析团队会拓展人力资源部门的视野，比如，人力资源的视野和目标；人力资源标准定义；报告设计；数据架构；数据工具和应用；项目设计；数据收集、分析与测试；报告；执行与监控。

组建数据分析团队的十个步骤：

（1）设立短期和长期目标。

（2）制定标准和规范。让部门内外都清楚所要使用的专业术语。

（3）优化报告的内容和设计。

（4）根据所需的数据完成数据架构。

（5）把软件和服务的购买加入预算并提交给公司高层。

（6）公司高层对以上事项达成共识。

（7）团队开始运作，完成工作流程并不断优化。

（8）完成分析结果并进行测试。

（9）解决意料之外的问题。

（10）为公司高层提供分析报告和决策支持。

3. 发展数据驱动的公司文化

改变公司的文化是一项巨大的挑战和艰巨的工作。需要大量的时间、精力和资金的投入，而且是一个长期的过程。

第二节 人力资源大数据应用场景

人力资源规划、招聘甄选、员工培训、绩效管理、薪酬管理及员工关系是人力资源管理的主要模块，大数据在这些模块都可以得到充分运用，并由此提升组织效能。本节主要是从"选、育、用、留"四个环节的主要应用场景展开论述。

一、应用场景之——选（招聘场景）

1. 人才供需规划预测

现在是互联网时代向人工智能时代转型的时期，人才的竞争更加激烈，组织的形态更加多样化，如何吸引与获取优秀人才至关重要，这更需要做好人力资源规划。若财年按照自然年为单位，通常每年Q4开始规划明年人才供需（Headcount）规划，每个季度review调整计划，以匹配组织、业务的变化。

人才供需规划通常可采取的方式有趋势预测法、成本控制法等。

趋势预测法是根据历年的招聘情况（招聘总量、地域分布、业务单元分布、层级分布、组织发展形态、晋升速度、管理幅度、离职率等）进行综合分析给出一定比例增长幅度的线性预测，体现的是企业用工总量是平稳的，还是爆发式发展的。

成本控制法是根据企业人工成本总预算倒推招聘数量，人工成本包含工资、五险一金、商业保险、奖金、调薪、福利费用、培训费用等，从总预算分摊到各事业部各个部门预算，再倒推到各个部门、各个层级能招多少人，从而预估出总招聘量。

当然这两种方式各有利弊，也可以结合使用（即双控模式，既控制人头，又控制成本）。目前更精准的方式是通过大数据挖掘技术，实时分析，月度review，季度调整。

利用大数据挖掘技术，通过组织结构、人员配比、人力成本、绩效、异动等相关内部信息的加工处理与建模分析，同时结合外部社交数据的综合多维度分析，模拟仿真可能发生的各种变化情景，对其合理性与风险进行评估，给出人才供需分析报告，方便企业管理层决策。

比如，猎聘网在 2800 万人才大数据的基础上，提供了十三个行业以及更多的细分行业（例如互联网金融）的行业人才分析报告，其中包括人才画像、职能分布、地域分布、流入流出、薪资分布等非常有价值的数据。

2. 求职信息与岗位信息自动匹配、智能评估、双向推荐

目前市场上招聘平台众多，但多数平台求职者的个人信息与用人单位的岗位信息还停留在手工匹配的层面，即求职者在招聘平台的搜索框里输入相关的岗位关键词来查询是否有适合自己的岗位信息，用人单位也是通过手工搜索方式查找合适的求职者信息。由于是模糊搜索，无论是求职者还是用人单位，都很难从成千上万条信息里快速找到自己所求。

通过大数据算法，对以下指标实现量化，然后对指标进行综合加权匹配，训练、调优，既可实现求职信息与岗位信息的智能评估与自动匹配，从而向用人单位自动筛选精确的求职者简历，提升招聘效率与产出；也可以向求职者推荐合适的岗位信息，达到用人单位主动吸引人才的目的，实现双赢。

关键指标举例，比如求职者的个人信息（学校、学历、专业、技能、工作地点、工作经验、能力、意愿等）、用人单位岗位信息（学校要求：985 还是 211；学历要求：本科还是硕士；专业要求：计算机还是人力资源相关；从业要求：2 年还是 5 年以上经验等；技能要求：Java、Python……；地点要求：北上还是广深；能力要求：沟通协调能力、项目管理能力、领导力等），同时还必须提取绩优员工的特征作为标杆。

当然，智能匹配算法要有自我学习功能，根据输入信息变化、搜索历史、地域热度、人才贮备等变化，可以自我修正指标，从而自动匹配更加智能化（图 3-13）。

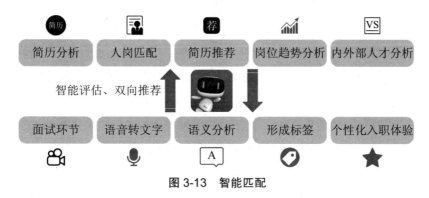

图 3-13　智能匹配

3. 绩优或高潜人才画像自动识别候选人

通过对绩优或高潜员工人才的特征提取，可以得到不同序列的人才画像。将候选人与之匹配，得到匹配指数，从而协助 HR 快速找到最优秀的人才。

4. 招聘漏斗各个环节的运营效率提升

大数据技术在招聘渠道、招聘进展（漏斗分析）、招聘来源（人才雷达地图）等方面都可以发挥很大作用，实现多（招人数量多）、快（时间短）、好（人才优秀）、省（效率高）的目的。通过准确的甄选评测工具、正确的操作流程、合适的面试官、适当的技术，将最优秀人才招募进来（图 3-14）。

图 3-14　招聘漏斗

5. 典型应用案例

猎聘目前有超过 2800 万注册用户，数百万的职位信息，每天上亿的消息日志，是不折不扣的人才大数据公司。通过分析和挖掘这些丰富的数据，猎聘可以做很多有价值的事情。在招聘方面，猎聘通过分析行业人才数据和专项职能发展趋势，帮助企业更好地制定人才规划和招聘策略，也能够帮助个人进行更好的职业规划。

企业在进行招聘时，第一步是要做人才规划，需要了解行业人才情况。猎聘可以提供各个行业的人才趋势分析报告。在制定了人才规划之后，企业需要进行人才搜寻。这时可以使用猎聘的"机器伯乐"系统自动获得相关人才推荐，节省时间、提高效率。同时，猎聘也会用基于大数据的职位推荐系统向合适的候选人推荐职位。此外，还可以通过猎聘通道的职业社交网络，发现一些高质量的被动求职者。

在招聘过程中，猎聘在大数据的基础上运用机器学习和推荐算法，可以给用户自动推荐合适的职位。在企业和猎头端,用类似的技术为企业自动推荐合适的人才,提高了招聘效率。此外,在"面试快/入职快"猎头众包服务中,猎聘通过数据分析和机器学习,可以根据企业需求匹配最合适的猎头来提供服务。

二、应用场景之——用(职业发展、敏捷绩效场景)

1. 人才画像,职业规划

提取高绩效、高潜力人才的显著特征,得到不同序列的人才画像;将候选人与之匹配,得到匹配指数,从而协助 HR 快速找到最优秀的人才;也可以通过评估人的适岗性,把合适的人放在合适的位置上;结合学习地图,匹配学习课程。

这就需要平时要建立用户标签体系,通过当前员工岗位、职级、职责、绩效、代码产量、晋升速度、薪资涨幅程度、360 度评估、技能水平等打上标签,与员工下一步职业规划的岗位所需的能力标准以及技能要求进行匹配,形成岗位匹配度、能力匹配度、技能匹配度等员工发展相关标签,同时结合市场热点岗位分析,综合为员工提供职业发展评估和建议(图 3-15)。①

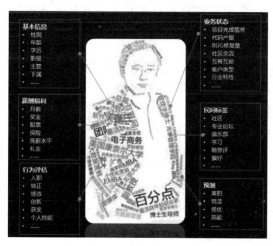

图 3-15 不同序列人才画像

2. 敏捷绩效场景

绩效管理对于企业来讲至关重要,是整个企业价值输出的导向,传统的每年

---

① 此图来源于百分点.

一次或二次的"批量"的方式已经过时，进入移动互联网时代，OKR、人单合一、阿米巴、合弄制等开始流行。许多公司纷纷开始转向敏捷绩效，放弃强制分布和末位淘汰，员工与主管可以随时随地通过移动APP修改目标、反馈意见，当然也可以征求其他专家或项目经理的反馈意见，而且绩效的产出结果不与晋升、调薪直接挂钩。这种方式极大地加强了平时的沟通与反馈，随时调整与修正目标，随时辅导与激励，以便更大化价值的产出。也帮助员工个人及时调整个人发展路径，快速成长。当然有些东西不可量化，比如激情与创新动力等，这就需要平时多关注与收集员工的工作状况、代码生产情况、行为表现、团队合作情况、沟通交流情况、内外部舆情监督等，利用大数据以及NLP技术建模，定量与定性综合分析，哪些因素维度可最大化提高员工的业绩，从而达到提升组织效能的目的。

Intel、Google较早使用OKR，埃森哲、Adobe、微软、通用电气、IBM等开始推行敏捷绩效。比如通用电气的PD@GE、IBM的ACE、德勤的绩效快照等。

延伸阅读

通用电气为什么要用这款APP来取代绩效评估？[①]

为了更好应对急剧变化的外部市场，配合伊梅尔特"回归制造业"的战略，同时顺应移动互联网技术蓬勃发展时代下的员工特点，GE终于放弃了使用三十多年并引以为豪的绩效考核"活力曲线"，推出了一套以一个APP为载体的全新绩效管理系统。这个APP名为PD@GE（PD意指Performance Development），在这个移动应用程序平台上，可以定义近期的工作目标，使经理和员工可以保持"持续沟通"（Continuous Dialog），回顾目标的完成情况是否符合预期，促进员工的绩效持续改进。

据商业新闻网站Quartz报道，在《财富》美国500强中排名第8的通用电气公司正在取消年度业绩评估政策，转而利用应用软件进行工作反馈。

以前，通用电气的经理们每年与下属进行一次面谈，给他们的表现打分，并淘汰排在最后的10%。如今，许多公司已经放弃这种

---

① 通用电气为什么要用这款APP来取代绩效评估？http://www.fortunechina.com/management/c/2015-08/23/content_246015.htm.

评估方式,通用电气人力资源主管苏珊·皮特斯对Quartz表示,这种方式"更多地变成了一种仪式,而不是推动公司前进的举措"。

通用电气的经理们现在能通过一款叫作"PD@GE"(意为"在通用电气的绩效发展")的应用,更频繁地得到员工的工作反馈。员工会得到一份具体的短期工作目标清单,经理会经常与员工讨论工作进展情况。员工还可以随时通过该应用征求反馈意见。

每年年底,经理们依然会与员工谈话。不过他们那时会更多地扮演教练的角色,指导员工如何最好地完成自己的目标。

> ### 德勤的"绩效智能"[①]
>
> 在德勤新系统的早期概念验证过程中,德勤负责某大区域的高管向项目经理索要数据,用于骨干员工的相关激励。图3-16中每个小点代表一个人,决策者可以点击任何小点,查阅该人姓名及其"绩效快照"的细节信息。
>
> 1. 组长告诉我们什么?
>
> 首先团队总览全局,这张图显示了所有参与者,Y轴的标准是组长所谓的"我总是希望此人作为我的组员",X轴的标准是"我会尽可能多给该组员奖励"。
>
>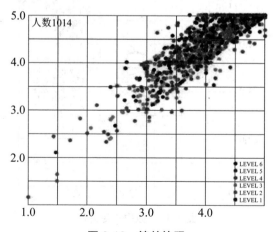
>
> 图 3-16　绩效快照

---

① 德勤:重构绩效管理. http://www.360doc.com/content/17/0405/10/40352656_642990321.shtml。

2. 该数据如何决定薪酬？

接下来数据被过滤，只留下某一工作层级的员工。绩效管理系统的关键问题之一是，系统能否捕捉到员工间足够多的差异，保证公平分配。图3-17中的分配为之后的讨论提供了基础。

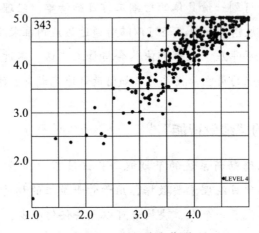

图 3-17　数据决定薪酬

3. 对升职有何帮助？

被过滤后的图3-18显示了那些被组长认为"此人已做好晋升准备"的组员。这些数据为每年高管晋升员工的讨论提供了可靠支持。

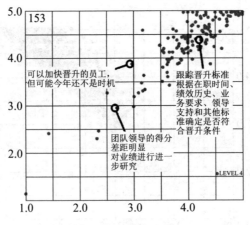

图 3-18　数据决定升职

4. 如何解决绩效不佳的问题？

过滤图3-19显示了那些被组长认为"此人濒临绩效不佳境遇"

的组员。如图3-19右上所示,即使表现不错的员工也有可能退步,组织有责任帮他们恢复业绩。

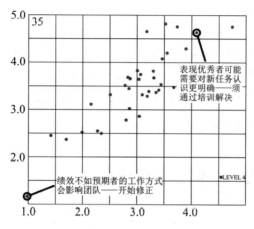

图 3-19　改善绩效不佳状况

三、应用场景之——育(培育场景)

随时随地学习APP遍地可见,游戏化学习也如雨后春笋般涌现,自主学习、直播、个性化推荐课程、链接晋升、云化等是VUCA时代学习新特点。

这里以个性化推荐课程为例讲讲大数据是如何支撑培训的。

1. 用户偏好建模

通过对用户在培训学习过程中的课程资源、学习任务、学习圈子、用户类型、用户以及行为、学习风格、途径等特征进行偏好建模与提取,并进行深度分析,挖掘出用户潜在偏好,为个性化推荐服务打下基础。

用户偏好信息通常包括:用户的注册基本信息(大多是从HR系统同步过来的,如姓名、性别、年龄、部门、级别等)、评论、浏览、收藏、点赞、下载、分享、转发、直播回看、定制服务等;还包含课程完成情况、历史信息等。通过对这些信息的聚类分析、机器学习等,就形成用户的若干偏好特征标签。

2. 课程标签

按照学习地图对课程进行分级、标签化,这些课程包括通用类、专业类、视频直播类,这可以理解为课程的官方标签。同时普通用户也可以为课程添加民间标签,作为课程的补充属性。

3. 个性化推荐课程

有了用户的若干个行为偏好特征标签,就可以对应于课程标签进行个性化推荐了。但实际操作过程中,用户可能不买账,认为有些课程并不是他想要的。这就还需要根据用户的学习风格以及学习习惯不断进行机器学习调优,并最终达到用户想看到的时候系统已经推送到位。

四、应用场景之——留(离职场景)

1. 什么是离职管理

HR 清晰地知道更换一名员工的平均成本还是比较大的,差不多是员工一年薪水的 21%。离职管理是企业对人才"选用育留"的最后一环,但却是最重要的一环,留人的成功与否直接决定着前三个环节是否有效。

为降低员工离职率,通过离职关怀吸引老员工回到公司;同时离职管理也是企业文化的体现,做得好能够在同行业中树立人力资源管理的形象,能为以后吸引高级人才打下基础。

2. 什么是离职预测

将员工相关的信息利用大数据挖掘技术进行建模分析,找出有离职倾向的员工,提前以概率的形式展示给主管或 HRBP,让主管或 HRBP 尽可能早地得到预警信息,以便在员工跳槽之前采取行动,比如调薪、调岗等挽留动作,或提前补充人力,避免给工作带来更大影响。

前面文中讲过,可以从薪酬福利、晋升轮岗、办公环境、工作压力、培训学习、绩效与个人发展、文化氛围、外部热点等八大维度重点分析。同时八大维度也包含个人时时刻刻的行为动机等因素,比如,工作饱和意愿降低、工作效率低、项目参与度减少、请假频繁度高、隐秘电话多、上网投简历、内部吐槽增多、社交变化等,这些重要维度与行为因素通过多元回归,将能更科学、更客观地反映离职趋势。当然，模型也需要不断地迭代优化，以便更准确地达到预测目的。

3. 离职预测路径

预测路径主要是根据加薪时间、晋升时间、在岗时间、考勤状况、参会记录等 100+ 人力资源指标，加外部舆情分析，根据过去发生的已离职情况推导出指标的离职指数，根据离职指数，利用回归算法等大数据模型预测未来。数据包括内部数据和外部数据。内部数据需要 HR 数据通过申请；外部数据主要是社交数据，通过爬虫技术获取，比如知名技术产品论坛、账号统一体系等方法。

离职原因从大块上分为主动和被动。通常，影响员工离职的因素分为以下几个因素（图 3-20）。

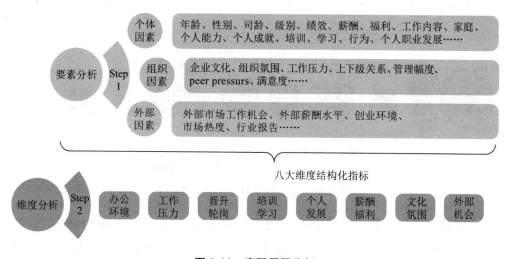

图 3-20　离职原因分析

个体因素：年龄、司龄、绩效、薪酬福利、工作内容、家庭、个人能力、个人成就、培训机会、个人职业发展等；

组织因素：企业文化、组织氛围、工作压力、上下级关系、同伴压力、心理安全感等；

外部因素：外部市场工作机会、薪酬水平、环境氛围、市场热度等。

总体上来说，离职原因可以分为从办公环境、工作压力、晋升轮岗、培训学习、个人发展、薪酬福利、文化氛围、外部机会等八大维度方面预测员工离职的可能性。

通过对上面八大维度两两之间的相关性分析,找出哪些显著正相关、哪些显著负相关,看各维度之间互相影响的程度如何;同时进行各维度与离职倾向之间的相关性分析。一般情况下,办公环境、晋升轮岗、培训学习、个人发展、薪酬福利、文化氛围等与离职倾向负相关,工作压力、外部机会与离职倾向正相关。

最后通过多元回归分析模型进一步分析各维度与离职倾向之间的关联关系以及影响程度,逐步回归,厘清影响因素并进行排序,从而为下一步采取相应的措施提供了依据(图 3-21)。

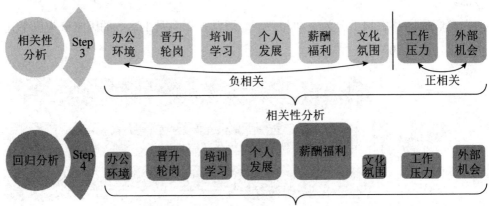

图 3-21 离职原因相关性及回归分析

当然,以上仅仅是一个例子,可以通过更多的方式、技术来实现。针对不同的专业,也有不同的反映。即使同岗位序列,不同的环境,也会有不同的体验。

4. 离职数据挖掘(过去发生了什么)

基础数据:人力资源数据、简历数据等结构化数据。

整合数据:社交网络、产品论坛等非结构化数据与结构化数据的集合。

净化数据:通过文字识别、爬虫等技术将非结构化数据转化为结构化数据,通过数据可视化技术,清洗异常数据。

EDW 建模：通过分析已离职员工特点，建立模型；通过现有数据验证数据模型。

5. 离职数据分析（数据背后的原因）

基础分析：员工填写的离职原因并不一定是离职原因；员工离职后一个月说出的离职原因更趋近事实。

集成分析：类似百度指数，关键字是否可以与离职指数匹配（例：google 回归中国，关键字是否会影响离职指数）；行业的发展前景、新兴竞争对手的出现等外部原因。

6. 离职数据预测分析（未来会发生什么）

根据现有模型推导出 3 个月内离职可能，6 个月内离职可能，一年内离职可能。

典型应用场景一

企业人才留存主要取决于员工满意度和外部的人才竞争。通过对日常工作行为数据进行收集、分析和挖掘，猎聘可以获得员工满意度方面的数据。外部的人才竞争情况则可以通过基于大数据的行业人才趋势报告和薪酬报告获得。综合这些数据，结合历史，猎聘建立一个员工的流失风险模型。用这个模型，我们就可以发现高流失风险的员工和可能导致流失的因素。然后，企业可以针对性地采取合适的行动去挽留那些优秀员工，提升员工满意度。

典型应用场景二 [①]

作为中国互联网公司中规模颇大、发展速度飞快的典型代表之一，百度公司曾经面临着、也正经历着互联网公司人力资源管理中诸多痛点，比如，人才流动快、组织复杂而且结构调整频繁、个性强、岗位轮换频率快、组织文化稀释严重等。

坐拥人工智能和大数据两大优势的百度公司，向上述问题发起了冲锋，做出了很多前瞻性的探索。百度组建了面向智能化人才管理的专业复合型团队："百度人才智库"（Baidu Talent Intelligence Centre，TIC）。

百度人才智库的主要设计者和带头人熊辉指出，TIC 团队从业务场景入手，

---

① 熊辉. 百度人才智库（TIC）：引领人才管理人工智能化转型——离职预测准确率超过90%. 哈佛商业评论.

与人才管理专家、百度大数据和人工智能领域的专家一起,以超过10万内部员工数据(历史+在职)及海量多源外部公开数据为基础,在近一年内从无到有创建并提供了国内首套智能化人才管理综合解决方案。

举个例子,关于离职预测和分析。通过收集公司内外部的数据,包括来自社交媒体和互联网的舆情信息和文本,TIC建立了包含经济、职业发展和个人家庭原因等数百个动态特征的90天离职预测模型,预测准确率达到了90%以上。例如,在2015年进行的一项离职预测中,TIC分析出了离职指数最高的前30名百度员工,3个月内其中29人向人力部门提出了离职申请。相应地,TIC还能计算出员工的离职影响力有多大,并分析出离职的各种原因。如果离职指数高的员工达到一定的重要程度或者不可或缺,且离职原因在公司可控范围内,百度就能够及时进行干预,采取适当的激励挽留手段。

五、应用场景小结

总体来说,从实践角度,大数据在人力资源管理的"选、育、用、留"应用场景主要聚焦在以下几个方面(详见图3-22),但不限于此。

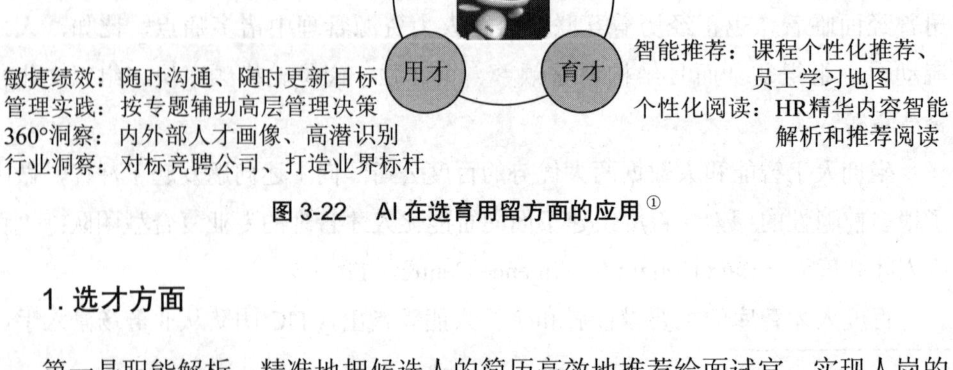

智能解析:简历解析和推荐、人岗智能匹配
智慧识人:外部人才识别推荐、趋势分析
智享推荐:优秀面试官推荐、面试评分

离职预测:离职风险预测模型优化
智能关怀:关联事件触发关怀和祝福提醒

敏捷绩效:随时沟通、随时更新目标
管理实践:按专题辅助高层管理决策
360°洞察:内外部人才画像、高潜识别
行业洞察:对标竞聘公司、打造业界标杆

智能推荐:课程个性化推荐、员工学习地图
个性化阅读:HR精华内容智能解析和推荐阅读

图3-22 AI在选育用留方面的应用[①]

1. 选才方面

第一是职能解析。精准地把候选人的简历高效地推荐给面试官,实现人岗的

---

① 王崇良. AI在人力资源领域的应用. 2017年eHR年会.

智能匹配；第二是智慧识人。对于外部人才，把岗位经过筛选推荐给候选人，可以以逆向的形式，比如，高端人才或稀有人才可能在网上留下了一份简历，但是没那么活跃，更新也比较慢，我们可以把公司的岗位推荐给他，让他有关注，更精准。第三是智享推荐。在招聘上面评的时候加语音技术，可以把整个面试过程记录下来。

2. 用才角度

不少知名公司，比如 GE、微软、IBM 等放弃了传统的 KPI 考核方式，而采取敏捷绩效，加强沟通和反馈。如何增加沟通的频次，移动端是个手段，但语音技术是最快的，通过语音技术上下级随时沟通，根据业绩完成情况及时更新目标；在管理实践上，按照专题辅助高层进行管理决策；同时开启 360°洞察，从不同角度对高潜或绩优人才画像，实现人才精准识别。虽然这个应用目前有一定难度，但是百度公司的人力资源及技术团队已经开发并进行了迭代，效果颇佳；利用大数据技术，对标竞品企业，打造业界标杆，这是大数据的行业洞察功能。

3. 留才方面

主要应用在离职预测和智能关怀上。离职预测我们相关章节已经做了分析。对于智能关怀，是基于员工画像，提供个性化、智能化的关怀体验（图3-23）。可以根据司龄，在员工结婚纪念日等重要节日，根据员工的兴趣爱好、生活日常需要、工作需求及消费倾向等方面计算出员工的"标签"，发放公司的"员工关怀"。

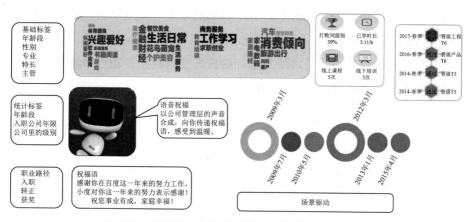

图3-23　基于员工画像的个性化和智能化的关怀体验

4. 育才方面

利用大数据技术给员工提供智能化阅读推荐和个性化学习，打造人才发展生态圈（图3-24）。

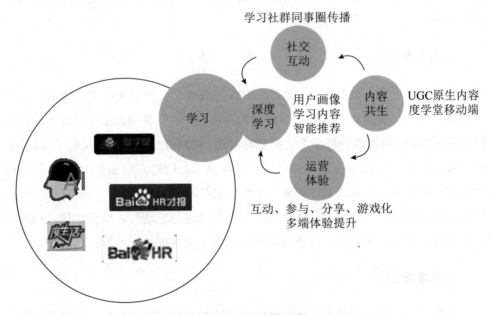

图 3-24　人才发展生态

5. 对于整个人力资源大数据研究与探索来讲，概括起来可以分三个层面

第一层是看山是山，看水是水。这一阶段是要找事情的本源是什么；

第二层是看山不是山，看水不是水。眼见的都不一定是事实，背后可能有故事，这个 HR 应该有体会；

第三层是看山还是山，看水还是水。这就需要有洞察，通过事物表面的现象看清背后的本质，从而提前去预防预测。

第四章

人力资源大数据平台建设

第一节
人力资源管理信息智能化发展

随着移动互联网的蓬勃发展，以云计算、大数据化、社交化等为代表的移动互联技术和相关的应用，已经逐步从消费层面切入产业层面，将从根本上颠覆传统产业的生产和经营模式。而产业互联网在生产制造行业的突破，将会引领整个行业走进以智能工厂、智能生产、智能物流三大主题组成的工业4.0时代。这个时代的人力资源信息智能化建设紧迫而又非常必要。

一、智能分析，对标决策

移动互联网时代，大众创新，万众创业，人力资源领域的选用育留管理也发生了根本的变化：

创新、激励、赋能、引领是这个时代的关键词；

去中心化、去KPI、自组织、阿米巴、合弄制是这个时代的流行语；

移动化、社交化、智能化、大数据技术驱动逐步成为了趋势……

移动设备让人们随时随地联系任何人……

如何建立一套智能化的人力资源管理信息系统平台，对标决策，是每一家公司人力资源经理的必修课。

通过建立一套完整的人力资源管理信息系统，对内外部运营数据、舆情、对标数据的收集、处理以及大数据技术智能分析，为企业管理者和决策者提供管理驾驶舱、用户画像，让数据说话，建立事前有预测、事中有监控、事后有分析的决策新机制，从而让管理者能更快更容易地做出更好的"选用育留"的决策，助力业务更大发展（图4-1）。

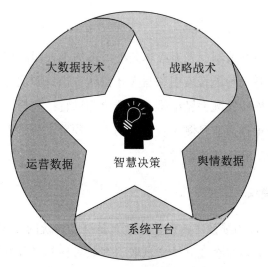

图4-1 人力资源大数据智慧决策

二、对接集成，系统一体化

人力资源的"选用育留"管理需要很多系统支撑，通常需要一个CoreHR包含组织管理、岗位管理、基础人事与工薪管理等主要功能，无论你使用的是国际品牌，如SAP HR、PeopleSoft、Workday等，还是国内用友、金蝶等，CoreHR是基础核心模块。除此之外，招聘、学习、绩效、薪酬等是必不可少的模块，将这些模块有机地连接起来构建一体化的信息平台，打破各自信息孤岛，将为下一步大数据智能化分析打下良好的基础。下面我们先来看看一些主要模块是如何进行大数据分析的，以终为始，从而反刍建设智能化的系统平台。

1. 人力HC预算编制模块

在人力资源HC计划设计中，利用大数据挖掘技术，搜索、收集、清理、调用内外部信息（包含历史经营数据、政策变化内容等），通过对这些信息的加工处理与建模，模拟仿真可能发生的人员成本、人员绩效，乃至人员流动的变化情景，综合分析得出现有组织内人力使用情况以及人力成本报告，并对其现状合理性进行评估，对企业未来的人力资源 HC 编制以及人力成本做出预测以及调整建议，方便企业管理层决策。

2. 招聘模块

通过人力 HC 预算编制、人力成本分析，再加上人岗匹配盘点，就可以计划招聘工作了。通过建立智能搜索引擎与人才雷达，当有职位空缺时，智能搜索引擎自动从人才简历库中匹配并精准推荐人选给面试官；同样，对于求职者也要实现精准推荐。另外根据离职预测系统发布的人员预警，分析人员离职率和离职原因，向招聘主管提供补缺建议参考。

3. 绩效管理模块

基于 VUCA 时代的绩效考核何去何从？是继续传统的 BSC、KPI，还是基于敏捷的 OKR？ 目前多家企业开始尝试取消绩效考核的"强制分布曲线"与"末位淘汰制"，代之以全新系统。以敏捷方式经理对员工的管理与考核主要通过"持续沟通"进行，考核结果不出现数字，也尽量不与奖金和薪资直接挂钩。例如，GE 的 PD @ GE，IBM 的 Checkpoint 与 ACE 等。这些都是我们设计系统的参考。

4. 薪酬模块

新时代基本工资、奖金等对员工的激励效果在逐步减弱，而股票、福利、内部创业等新形式则受员工关注。如何建立价值创造、价值评估、价值输出的一个公平的薪酬评价体系是努力的方向。

5. 学习与发展模块

随时随地学习 APP 遍地可见，游戏化学习也如雨后春笋般涌现，自主学习、有效学习、直播、个性化推荐课程、链接晋升、云化等是 VUCA 时代学习新特点。

汇总来讲，人力资源信息平台要解决"人力升降调、选用育留管"的系统集成，同时进行结构化数据与非结构化数据沉淀，通过大数据分析，对业务进行预警预测，报告可视化，为管理层决策服务（图 4-2）。

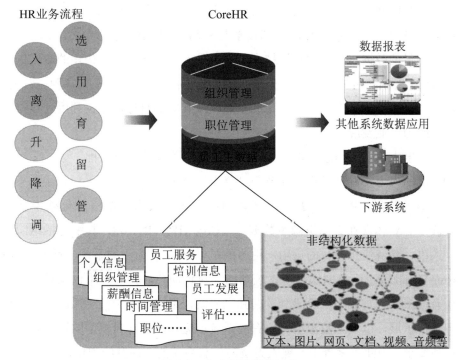

图 4-2 人力资源信息平台

三、基于人力资源信息系统的数据应用

1. 典型案例分析

人力资源管理信息系统的发展经历了不同的时代，产生的作用与影响也各不相同。

PC 时代：各个模块逐步线上化，实现办公室自动化，能提供简单数据分析以及标准报表，满足基本数据处理要求。但由于企业发展不同阶段开发的不同系统，连通性较弱，容易产生信息孤岛。

互联网时代：系统建设开始考虑互联互通，把 HR 内部零碎的信息、孤立的应用变成一个互相连接、有机组成的完整系统，数据开始了交换与集中处理，可以进行多维度的数据分析，为管理者提供报表参考，帮助决策。但此阶段能处理的还是结构化数据，对于大量文本、外部信息等，还不能有效利用，进而挖掘内在规律，为决策服务。

移动互联网时代：是万物互联社会化大协同的时代，信息化主要解决半结构化问题与非结构化问题。移动终端设备与移动 APP 的快速发展，基于及时连接会产生海量的数据，通过大数据技术，对内外部结构化与非结构化的数据进行清理、建模、分析、可视化，利用过去的数据预测未来，预测企业的各种运营情况，利用信息来调整控制企业行为，帮助企业实现其规划目标，真正利用大数据辅助决策、助力企业发展。

以百度人力资源信息化进程为例说明这几个阶段的建设历程。

百度的人力资源信息化工程至今可分为三个阶段。

【第一阶段，PC 时代】2010 年以前：公司的人力资源信息化处于基础应用阶段，主要体现在人力资源主数据库（Core HR + Payroll，其中包括组织、岗位、人事、薪资信息等）的运用，更多的是以 Payroll 为主的系统，不能作为 HR Master Database。而外围入离职系统功能相对较简单，报表应用也相对薄弱，周围还有很多业务发展不同阶段开发的独立系统，形成了不少信息孤岛。由于百度业务迅速扩展，以及人数激增，原有的系统已无法满足与日俱增的数据和人力资源业务要求，因此百度着手开展人力资源信息系统的全线升级和优化（图 4-3）。

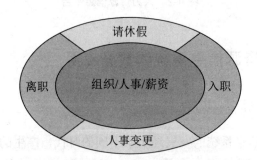

图 4-3 PC 时代的人力资源信息系统架构

【第二阶段，互联网时代】2011—2012 年：百度人力资源信息化全面发展与提升阶段。

HR 与 IT 成立联合项目组，打了一场人力资源信息化"战役"——集中优势"兵力"利用一年时间重新打造 HR 系统，敏捷开发，快速迭代，实现"入离升降调，选用育留辞"建设的一步到位。[①]

（1）重新规划人事主数据，完善 HR Master Database。在原先薪酬系统

---

① 德勤：重构绩效管理. http://www.360doc.com/content/17/0405/10/40352656_642990321.shtml.

（Payroll）中人事基本数据的基础上，丰富员工个人基本信息、家庭、教育、工作经历、岗位信息、工作信息、绩效信息、评估信息等，全方面完善公司万余名员工的人事数据，并同时进行历史数据清理校准，提高准确度，为满足今后多样化的数据需求做好充分准备。

（2）外围系统的梳理与重新建设。对外围系统的规划可分为两个方面：一方面是实现从无到有的建设，自主开发了人事变更系统、试用期管理系统、绩效与发展管理系统和奖金系统等。另一方面是从残缺到完整的优化，实现系统与人力资源主数据库的无缝对接，克服了原先需要手动导入导出带来的不便。

（3）完成数据线上流转的一致性。基于员工在企业内的生命周期，实现员工从招聘、入职、新员工培训、试用期、学习、考核、发展等一系列数据在系统互通互联的基础上能够自动流转，完善报表系统，利于多维度的数据分析。

【第三阶段，移动互联网时代】移动终端的快速发展，让人与人之间、人与机器之间，以及机器与机器之间随时连接成为可能。百度也开始打造互联互通的人力资源系统平台：第一，继续优化与迭代全生命周期的人才管理；第二，在组织文化层面探索系统方式支撑公司战略；第三，强化共享服务平台的关联，以产品思维推进系统建设；第四，开始建设统一数据平台，进行数据沉淀，为大数据分析奠定基础（图4-4）。

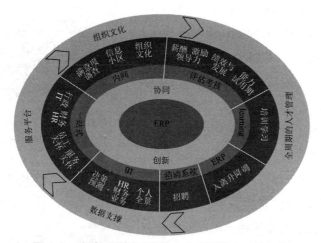

图4-4 移动互联网时代的人力资源信息系统架构

其中，在2013—2014年：打造百度内部人力资源APP产品（度学堂、度生活），实现移动化目标（图4-5）。

图 4-5　度学堂

（1）度学堂：公司内部用于培训和学习的产品，通过移动客户端和 PC 客户端，员工可以主要实现如下五种功能：

线上报名各类培训课程，参与在线学习、考试或调查等活动。

直播课堂、录播功能，观看各种"牛人大咖"等专题讲座。

将微课程（5～10 分钟）下载至移动端，碎片化时间随时随地学习。

实现 UGC，员工可上传自己制作的课程。

技术论坛，交流互动。

（2）度生活：为员工提供生活和工作便利的产品，有 PC 端与移动端，主打移动端，通过不同的"频道"（生活频道，社团汇、生活站、挂号通、安居坊、跳蚤街、度优惠等。工作频道，速查询、问 HR、要盖章等），使员工能够随时了解、关注公司社团、活动动态，以及享受到公司的福利（图 4-6）。

同时，从 2013 年开始在数据化方面，致力打造商务智能仪表盘、个人全景图，为管理层直观展示人才各种结构以及多维分析，助力决策服务。同时也开展了用户画像、预警、预测等项目的探索，为未来进一步的研究奠定了数据基础。

图 4-6　度生活

此外，在企业并购、国际化等方面，人力资源系统都做了相应的扩展与改造，也积累了丰富的经验。

2015年开始打造"Smart HR"：运用产品思维、新技术通过"四化"助力，连接员工与HR服务（图4-7）。

数据化（明事实、察问题、拉预警、报预测）；

移动化（便捷工作、碎片学习、多彩生活）；

社交化（团队协作、分享互动、文化融合）；

智能化（应用云、数据云、服务云）。

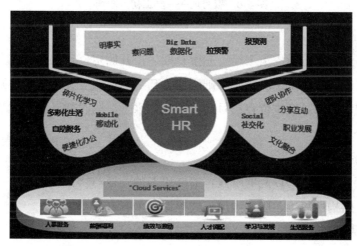

图4-7　Smart HR

2015年年底上线的游戏化学习平台，也是度学堂的有益补充。拿其中项目之一"新兵职业化之旅"为例，希望通过6个月的学习将新兵打造成可以上战场的专业战士。这是一个为期6个月的线上线下相结合的学习体验，并将这6个月的学习体验，按照不同的心理感知分为蜜月期、定位期、崛起期和成熟期。[①]

（1）蜜月期

新员工初到职场一切都是新鲜而未知的，对工作充满了期待和美好。针对该阶段的员工，百度设置了信息安全、百度人才观、百度业务组织结构透视、百度发展史等帮助员工了解公司文化、制度快速融入（图4-8）。

---

① 信息来源：何义情. 2016年在CEFE学习论坛上的演讲.

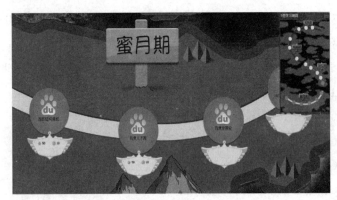

图 4-8 蜜月期——员工初入职场

（2）定位期

定位期处于该阶段的员工经历完蜜月期后，开始定位自己的工作方向。此阶段百度设置了职业化水平测试、基础沟通技巧、邮件撰写技巧、高效开会、时间管理等课程，帮助员工定位自己目前的职业化水平，同时能迅速掌握基本的职业通用技能。

（3）崛起期

崛起期是员工全力以赴的阶段，需要更多的沟通与协作。此阶段百度设置了向上沟通、结构性思维、职业沟通方式等课程。

（4）成熟期

此时员工已经基本适应工作氛围和节奏，会参与更多的跨部门、跨团队协作，此阶段百度设置了认识 DISC、辨识对方的沟通风格、适应对方的沟通风格等（图 4-9）。

图 4-9 成熟期

该项目涵盖的十几门课程,形式也是丰富多样,有 Flash 课件、视频课件、考试、测评以及微课程等。通过 4 个阶段的训练,使新人快速融入、成长,并最大化产出,达到效能持续提升的目的。

2. 基于人力资源信息系统的数据应用

百度的数据应用可分为两部分：70% 为结合当前业务现状和需求所做的数据分析；30% 为基于数据预测所做的超前规划。

例 1：通过商务智能仪表盘,监控部门内员工人力资源的主要数据(如关键人才比,关键人才离职率,员工离职率趋势等),直观地反映部门人才动态。

例 2：通过记录员工在企业内部职位变动,绘制个人职业发展路径图,继而集合观察内部人才迁徙和流动状况及流失去向。

例 3：在数据预警、预测方面,进行大数据的舆情分析,非结构化数据的语义分析,以及离职、高潜人才预测等方面的尝试等。

人力资源信息化建设的各个阶段工作重心以及任务是不同的,从基本的工资核算、发放,到全流程生命周期的管理,再到大数据助力战略与业务,侧重点也由结果到过程再到价值,HR 的状态由被动到主动,地位也随之越来越重要。

四、人力资源信息化的建设及启示

1. 百度人力资源信息化建设的经验总结

人力资源业务流程的梳理：任何系统在实施之前,对于业务流程的梳理和优化是必不可少的步骤,人力资源系统也不例外。百度在 2012 年重新打造系统之前,进行了为期 3 个月的业务流程梳理和职责划分。

（1）人力资源内部业务流程梳理

成立项目组,通过对高管、人力资源各部门主管、各业务流程 Owner、关键节点作业人员等的访谈,业务现状的梳理,整理出 as-is 业务流程；同时对标人力资源业务成熟度模型,发现问题,找出缺陷,归纳提炼诊断报告,为下阶段的流程优化和系统功能设计奠定基础。

（2）与业务部门深入碰撞和 to-be 设计

项目组联合人力资源各业务负责人,以及 IT 各团队负责人,对标最佳实践,以Workshop的形式，向业务部门呈现人力资源业务流程的规划方案和构思，收集业务部门的反馈和建议，经过多轮碰撞，最终形成to-be蓝图设计文档。由于方案已经经过人力资源内部的共同商讨，以及IT前期投入的可行性分析，在逻辑上、科学性和可操作性上已近乎完美，因此来自业务部门的挑战大大减少，更多的要求在于用户体验度和友好性上。

（3）汇报与决策

在业务梳理过程中，对流程中的重要节点以及职责交叉区域，进行汇总提炼，给出建议方案，汇报管理层最终决策。例如，"审批链"作为流程中的关键内容，其中梳理的一大原则就是：凡事与"钱"相关的，审批到一定级别；凡事与"钱"无关的，减少审批；真正做到责权利相结合。最终形成"业务线2级审批、HR线2级把控"，并将80%的业务流程由原先的多层逐级审批缩短为4级内审批，大大提升工作效率，将管理层从事务审批工作中解放出来。

（4）系统开发，快速迭代，越变越"美"

依据to-be业务蓝图设计，IT团队形成系统设计文档，集中优势兵力，分成若干小团队，采用敏捷开发、场景化、并行开发，快速迭代，在2012年HR战役年里完成了大部分系统的开发与升级，以及数据库的改造。为支撑人力资源"人才、组织、思想"的战略目标奠定了系统与数据平台的坚实基础。

（5）全员宣贯

变更宣传贯穿整个梳理与改造项目，首先在人力资源内部进行宣传和普及，其次组织部门代表、员工代表等进行层层宣贯，并辅以三折页、宣传视频等，帮助全体员工熟悉新流程，并收集反馈，不断优化改善系统，提高用户体验。

2. 百度人力资源信息化的建议和启示

（1）eHR在"互联网+"时代做"减法"

人力资源信息化是一项需要投入大量时间、精力和资源的大工程，许多公司往往希望系统能够实现越多模块和功能越好，于是将有限的资源分散投入，致使最终每个模块的成果都不理想。与其如此，不如有所聚焦有所侧重，了解企业管理层目前最关注的问题，找出痛点，排出优先级，继而集中资源投入其中，解决实际问题。

（2）助力员工服务，提升用户体验

聚焦高管、经理、员工、HR不同的诉求，场景化、平台化、快速迭代系统，并加强移动端的建设，让员工在工作、学习、生活方面随时随地连接 HR 的服务，实现"小温馨，大体验"。

第二节 人力资源大数据业务模型

从业务角度来看，不仅要给管理者以及 HR 输送更准更快更有效的第一手报告，还要能预测预警，辅助管理者做出正确的决策，是第一重要的。

而要完成这一步，传统的 BI 数据分析系统已经不能完全胜任，这就需要搭建人力资源大数据平台，让人力资源数据发挥更大价值和意义，例如，对于预测分析员工离职的行为，需要什么样的数据，各类数据都有什么用途，如何使用数据，从哪些端口埋点获取这些数据，这些数据如何通过函数、建模得出 HRBP 与管理者一目了然的结果……这是需要解决的一系列问题。

如下是人力资源大数据平台的业务模型（图 4-10），第一步：数据收集，需要完成各类内外数据的收集、加工、清理、存储，以及对数据标签化。第二步：对不同业务、场景进行主题分析、数据建模、用户画像、预测预警等，并有各种应用展示。第三步：决策支持系统根据场景输出各类建议报告。

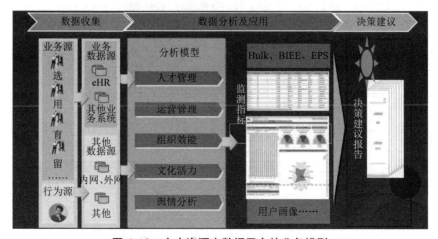

图 4-10　人力资源大数据平台的业务模型

如何做？就是对原始数据进行净化，然后形成报表，到建模后定制报表，这些都是陈述传统意义上过去发生了什么；然后进行描述，同时有红绿灯、仪表盘等更直观的展示；探索未来可能发生什么，这是百度一直在强调的，把昨天的数据丢到机器里进行自主学习，把过去的经验和案例扔到模型里面，让系统找出相关的关联关系，自主去学习，利用过去在系统里分析判断，然后拿今天的数据来校验、调整、优化模型，从而更精确地预测明天可能发生的事情，及时采取相关行动，占得先机。

第三节　人力资源大数据平台建设分析

根据人力资源大数据业务模型，演绎推导出人力资源大数据系统平台建设的逻辑架构，可以分为系统层、数据层、服务层、展示层。如下以百度人力资源大数据平台——"才报"为例作介绍。

百度从无到有地从系统层、数据层、分析层、展示层四大层面，系统地搭建了"才报"大数据平台的完整架构（图4-11）。

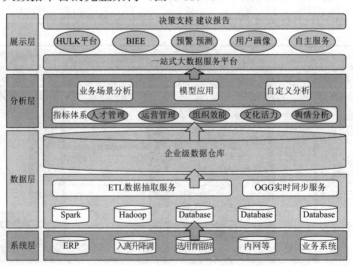

图4-11　"才报"（百度人力资源大数据平台）架构

一、系统层

系统层是基础，是入离升降调、选用育留管的建设（图4-12），可以理解成数据收集层，数据埋点、信息收集、流程优化、系统迭代，都在该层实现；这就要求我们的系统是互联互通的，数据是动态的端到端流转。事实上百度除了Core HR之外，还外挂了几十个自己开发的系统，根据场景不同、耦合程度不同，这些系统之间怎么去打通，数据怎么去自动地流转并确保是唯一数据源都是要解决的课题；同时还需要与相关的业务系统打通，进行数据交换，否则只有人力资源的数据，不够完整，是没法全面评价，或者没法给企业带来更大效能，至多是做一个参考。当然数据内部的交流还是有壁垒的，但是我们在尝试去做这样的事情，在逐步地打破这些壁垒，进行数据交换的尝试，所以这块一直在不断地迭代。

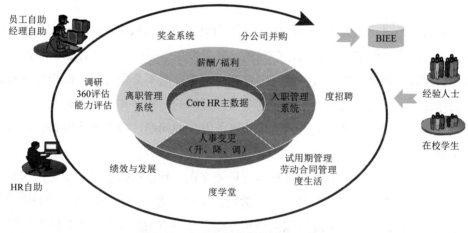

图4-12 人力资源大数据平台系统层

二、数据层

数据层包含数据的清理、处理、提取、保存、标签化等，该层处理的数据既包含结构化的数据，也包含大量的非结构化数据（图4-13）。

在数据加工过程中，将会发现缺少很多数据，这就需要反刍到系统完善优化上，哪里需要埋点收集数据，该补的补，该建设的建设。所以系统层与数据层是相辅相成的关系，螺旋上升，互相促进。

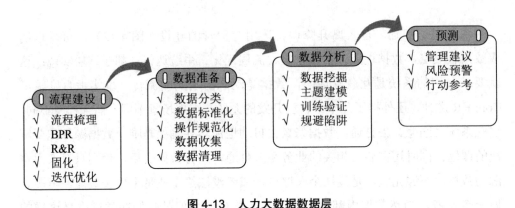

图 4-13　人力大数据数据层

三、分析层

　　分析层包含主题分析、自定义分析等，指标体系建设、模型建设也在此完成。比如描述过去发生了什么，到诊断问题，找寻发生的原因。根据过去的数据，通过分析建模，通过机器学习，找其中的关联关系，而不是像过去一样先通过假设再去印证。通过对今天的数据及时的观察，及时的分析，并及时的调整模型，进而让数据发挥预测预警功能，预测未来可能发生的问题，为未来决策提供可信服的依据。

　　"才报"系统背后的数据挖掘与分析建立在一套指标体系的基础上，这套指标体系由人才管理、运营管理、组织效能、文化活力、舆情分析5大维度的200多个指标组成，涵盖了人和组织的分析维度以及所有HR职能的衡量维度。其中人才管理和运营管理的指标涉及更多的是HR职能的分解，文化活力与舆情分析的指标更多是通过大数据的方式分析员工在工作、学习、生活等层面的影响因素，组织效能通过一些组织发展工具提取不同业务团队的有关组织目标、达成结果。整套指标体系建设以及迭代优化历时一年，HR以及IT团队全程参与、迭代（图4-14）。

A.人才管理	B.运营管理	C.组织效能	D.文化活力	E.舆情分析
A1.组织结构	B1.招聘管理	C1.成本	D1.入职来源	E1.内部信息
A2.员工结构	B2.薪酬管理	C2.收入	D2.离职去向	E2.外部资讯
A3.人才队伍	B3.培训管理	C3.收益	D3.纵横向流动	E3.第三方报告
A4.个人状况	B4.绩效管理	C4.组织再造	D4.敬业度	E4.预测
A5.高潜	B5.离职管理	C5.预测	D5.满意度	
A6.预测	B6.预警		D6.预警	

人才回报指数　人才配置指数　人才质量指数
人才敬业指数　组织气氛指数　运营效率指数

图 4-14　指标体系示例

四、展示层

展示层包含各种分析报表、用户画像、报告建议等。例如红绿灯仪表盘，包括离职率、核心人才离职率、齐配率、关键人才占比等。又如通过播放器的形式动态展示调入调出、升降调转等数据。这些功能同时支持数据下钻，并能导出数据或可视化的图形。人才迁徙图（图 4-15）可以展示人才的来源、人才的发展、人才流失的场景：从入职来源、在职的流动情况、内部的流转情况，以及人员流失，入职的是从哪些源头占比较多，离职以后去了哪里，都可以直观动态地展示。再如人才发展层面，我们还可以看到个人全景图，我们可以对人才进行比较，看每个人的特点是什么，在各项指标上大家是什么样的情况。

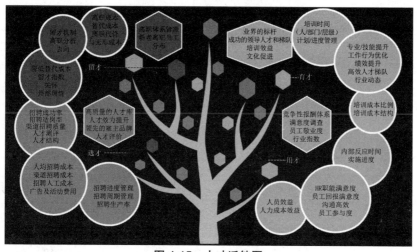

图 4-15　人才迁徙图

五、实施步骤参考

人力资源大数据平台建设可以分为 5 个层面进行梳理。第一，对内外部数据进行整合，建立 HR 主题大数据仓库；第二，对数据进行人才标准量化；第三，管理实践如何场景化，这一块从 2016 年开始一直想在推，百度的 HR 都来自大企业，在百度也都有很多丰富的实践，这些实践如何在系统埋点，如何去落地、沉淀都会对未来大数据研究有丰富的助益，对业务未来的预测提供很大的帮助；第四，深入整合业务属性；第五，流程集成一站式数据分析服务，大数据有助于完善流程，这是一个螺旋循环上升迭代的过程（图 4-16）。

01 HR内外部数据进行整合，建立HR主题大数据仓库
02 数据量化人才信息
03 管理实践场景化
04 深入整合业务属性
05 流程集成一站式数据分析服务

图 4-16　人力资源大数据平台构建实施步骤

第五章

人力资源大数据应用案例

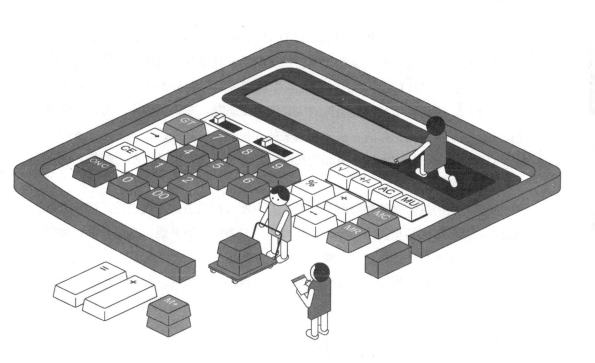

第一节
百度的人力资源大数据平台

一、百度人力资源大数据发展阶段

百度人力资源数据分析经过 HR 与 IT 团队的共同探索与实践，在过去近 10 年的发展历程中经过几次关键迭代更新，逐渐发挥越来越多的作用与价值。其中最为瞩目的当属 2014 年开始的利用大数据助力战略与业务的改造——建立了从员工"工作、生活、学习、发展"的完整服务生态圈，在提供高度自动化服务的基础上，利用大数据挖掘的方式建立起来的才报在人才和组织管理上为业务提供科学的决策支持，让 HR 拥有更高的战略视野，为业务发展及人才战略规划注入新的价值。

数据分析的进阶必然伴随着信息系统的不断升级改造而迭代进行，同时大数据思维的推广与大数据技术的应用，也要求信息系统不断升级、查缺补漏、数据埋点、流程再造与优化，这是个螺旋迭代上升的过程。

百度人力资源管理信息系统经历了几个阶段的迭代发展，而这个过程也是数据分析与才报逐步演变的历程。

1. 1.0 时代关键词：静态、结果

2011 年以前，百度 eHR 为 1.0 PC 时代，主要承担工资核算、入离职等基础事务性、流程性的工作，"员工过来找你，需要一个结果，所有的东西基本上是

静态的流程，点对点解决，最后达成结果就行了，HR 处于一个很被动的状态。"此时的数据基本处于简单分析阶段，多为单维度分析标准报告，集团要数据需要汇总多处的数据，维度也不尽相同，耗时耗力，最终达到的结果也不尽如人意，报表时常被老板挑战。

2. 2.0 时代关键词：过程、动态

2012—2014 年为 eHR 2.0 移动互联时代，除了事务性、流程性的工作，在员工管理上更看重全流程生命周期管理：在人才管理、组织文化、服务平台、数据支撑 4 个层面夯实基础、精耕细作，注重协同与创新，打造互联互通的更贴合业务的系统。具体到数据层面，标配报表已经不能满足业务要求，开始建立自己的数据平台，包括多维度分析 BI、BIEE、EPS 等分析工具与系统。"一名员工在入职之前、离职之后，以及在公司的工作过程中，我们对其进行数据挖掘，然后分析出报表。"通过报表数据可观测组织的健康状态。之后 2.0 时代还经历了多次小步快跑迭代，开始提供更加智能化、个性化的报表，并引入移动化自助服务等。

3. 3.0 Smart HR 关键词：大数据、互动、业务价值

2014—2016 年为 eHR 3.0 Smart HR 时代，在业务转型和高速扩张的环境下，百度需要 HR 从组织资本和人力资本的角度协助业务决策，HR 工作重点开始提升至为业务产生价值——在此期间不断探索与实践，逐步建立起了大数据平台才报，通过更具交互性的系统，利用大数据预测、控制和分析组织变革和人才发展（表 5-1）。

表 5-1 百度 eHR 发展各时代对比

阶段	内容	侧重点	角度	HR 状态	HR 地位	业务价值
1.0 时代	工资核算、发放，入离职（事务性工作）	结果	静态	被动	低	小
2.0 时代	全流程生命周期管理多维分析报表	过程	动态	较主动	较高	较大
3.0 时代	大数据助力战略与业务	价值	互动	主动	高	大

百度人力资源系统与数据的每一次迭代优化都与 HR 在组织中的状态、地位以及采取的服务角度息息相关。"组织的业务需求达到一定程度，HR 自然而然

就能达到这样的状态。"

二、"才报"支持的 4 个角色

"才报"价值实际上服务于 4 类角色,一是对高管;二是对经理;三是对员工;四是对 HR 自己(图 5-1)。对高管我们打造一图在手,人才信息尽在掌握;一表在手,数据分析提供决策建议;预警人力管理的红绿灯。对经理来讲,他们在业务一线不可能投入太多精力关注人员的日常管理,我们的系统最好能一键到位提供及时的服务,聚焦业务,流程、审批化繁为简,操作简便,提升用户体验。对员工来讲,工作、学习、文化、生活四位一体,把工作做好,随时随地碎片化、游戏化学习,得到周到、温馨、便捷、有效的共享服务。对 HR 自己也有要求,建立统一的工具知识库,打造有战斗力,不断创新的 HR 团队。

另外还有更高的要求,我们怎样提供更多的价值输出?从价值的角度,给高管一些预测性的决策建议;给经理场景化的智能操作、让经理更聚焦在业务一线战斗;对员工小温馨大体验;对 HR 自己要学会赋能与引领。

对高管	➤一图在手,人才信息尽在掌握 ➤一表在手,数据分析供决策建议 ➤预警,人才管理的红绿灯	➤预测规划人才战略地图
对经理	➤流程、审批化繁为简,聚焦业务 ➤操作简便,提升用户体验	➤场景化的智能操作,让经济更聚焦业务
对员工	➤随时随地碎片化、游戏化学习 ➤共享服务周到、温馨、便捷、有效	➤小温馨大体验
对HR	➤建立统一的工具/知识库 ➤打造有战斗力的、不断创新的HR团队	➤赋能与引领,传播公司品牌

图 5-1 "才报"平台的服务对象:HR+M 层

对团队、组织来讲,有三棵树,组织树、汇报关系树、产品树。无论是横看还是纵看,重要的是以业务为导向。产品树就是在老板关注的业务、产品方向上,怎么去打通,让他了解业务、产品的发力点和竞争对手在哪儿。

人才层面,有个人全景、工程师画像,通过标签化的形式重新定义员工客观面貌，同时还有两张表去展示绩优、淘汰。

业务层面，会和财务、产品等对接应用场景，同时结合行业内外的数据，给内部 HR 提供参考，更重要的是预警预测。

三、"才报"系统的数据挖掘与分析

"才报"系统背后的数据挖掘与分析建立在一套指标体系的基础上，这套指标体系由人才管理、运营管理、组织效能、文化活力、舆情分析 5 大维度的 200 多个指标组成，涵盖了人和组织的分析维度以及所有 HR 职能的衡量维度。其中，人才管理和运营管理的指标涉及更多的是 HR 职能的分解，文化活力与舆情分析的指标更多是通过大数据方式分析内外部因素，组织效能的指标由组织发展部负责，通过组织发展工具提取不同业务团队的有关组织目标。整套指标体系建设以及迭代优化历时一年，HR 与 IT 团队共同参与推进。

1. "才报"数据呈现

在用户端，"才报"主要从团队、人才、业务、行业 4 大模块加以呈现，不同层级的员工拥有相应的数据权限。

团队模块面向经理及以上层级管理者开放，主要展示辅助团队管理的相关数据和信息。

人才模块是员工大数据画像呈现平台，普通员工可搜索到公司内任何员工，查看其职业路径、人才标签、大数据画像等基础信息。对于经理及以上人员，除了基础信息，他们还可在系统上进行如为所属团队员工增减人才标签、员工之间比较等诸多人才管理层面的操作。

业务模块更多涉及个人、团队的业务目标以及达成情况的展示。

行业模块呈现的则是系统通过大数据抓取的行业资讯。

具体如图 5-2 与图 5-3 所示。

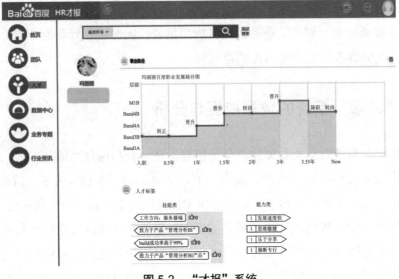

图 5-2 "才报"系统

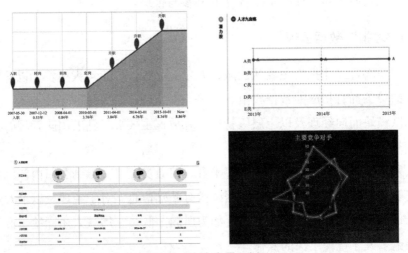

图 5-3 个人全景示例

2．"才报"的"数据中心"

除了 4 个分析模块，系统中还有一个"数据中心"，用户可在上面查看、定制权限范围内的各种数据分析内容。

（1）分析内容定制化：用户可从组织、层级序列、司龄年龄、学历雇主、员工类型、汇报层级、管理幅度、绩效分档等不同的维度对数据分析进行跨模块、定制化的组合。例如对于关键人才的流动，用户可以查看不同层级人员的流动情况，也可以从年份、部门、业务等不同角度分析，观察人才流动与迁徙的状况。

（2）呈现内容定制化：用户可在系统首页、"数据中心"，根据自身需要，选择、组合信息分析和呈现的内容（图5-4）。

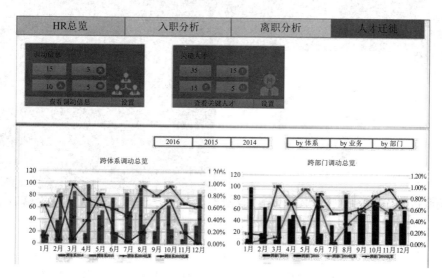

图 5-4 某 HRBP 的数据中心页面

（3）呈现方式定制化：所有的分析结果都会通过数据可视化的手段实时、动态地呈现在用户的电脑上。用户可以按照自己的习惯，在一定程度上对分析数据的呈现方式进行设置（卡片、仪表盘、图表等）（图5-5与图5-6）。

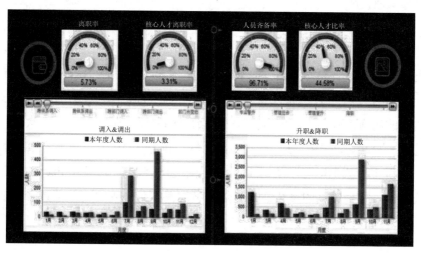

图 5-5 仪表盘

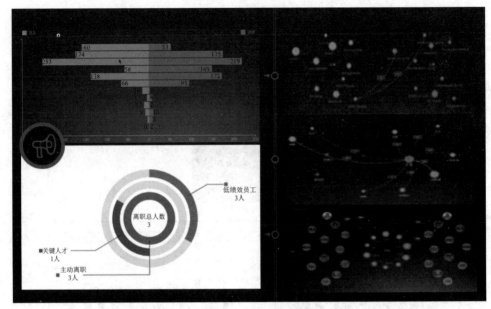

图 5-6　大数据个性化数据展示实例

在"才报"系统中，用户点击分析数据，便能看到分析结论的依据是什么。对人员发展和组织运行至关重要的分析数据（如人才齐备率、离职率等）都设有"警戒线"，系统会通过红灯（警告）、黄灯（提醒）等直观的形式，告诉用户当前组织和个人存在的问题。当用户点击这些数据，可看到未来可能发生情况的预测、问题产生原因的分析、相应决策建议等丰富的内容。所有关键数据都会在系统首页快速提醒。

3. 数据挖掘与分析示例：Peer 推荐

通常在 360 度评估中 Peer 的选择一般是上级主管或者 HR 来协助制定，这有一定的主观性。那 Peer 能不能通过大数据分析演算经由系统推荐？通过研究分析内部的沟通工具，大家的沟通频次、沟通的时段、邮件大小、频次等，再由数据建模、分析、机器学习、验证等，系统可推荐出 10 个工作关系紧密的人供参考，此后主管或 HR 可以从这 10 个人当中选取 5～7 人当作 Peer，既保证了客观公正性，又有适度的灵活性。当然隐私的保护是必须的，严禁查看沟通交流内容，这是红线（图 5-7）。

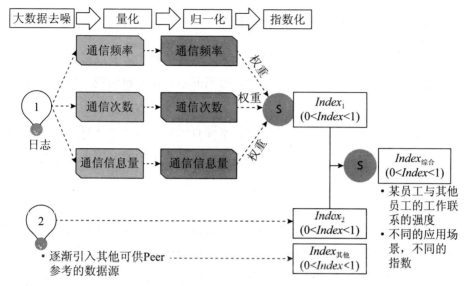

图 5-7　数据挖掘与分析示例：Peer 推荐

4. 数据挖掘与分析示例：离职预测

核心人员的离职预测，是个广受关注的话题。那能否通过建模、机器学习等大数据手段来提前预知哪些人可能离职？答案是肯定的，通过机器学习，找出离职因素的相关性，辅以管理实践判断，可以给出可能性的预测状态，从而为人才保留或调配赢得时间。

当然还有很多领域可以探索与实践，例如人才预测、舆情分析、组织仿真等。随着大数据技术不断地提高发展，以及越来越多的、越来越活的数据源，我们的洞察也将无限逼近事实，也将为人力资源带来更深的影响，为企业带来更多的价值。

凭借大数据的挖掘和应用以及全面且高度定制化的服务，百度 HR 在业务决策层面上的影响力正在逐渐扩大和加深。"百度 HR 大数据创新成为公司决策的基础，而且现在已经很大程度上达到了这样的定位，业务部门已经开始根据大数据分析结果去做一些人才决策，这是非常大的改变。"而这个改变，正是源于百度人对科学、技术的专注。

5. 数据挖掘与分析示例：组织健康度

组织健康度是涉及人员和组织的一个内涵丰富的概念，百度对此界定了4大分析角度，分别为贡献意愿、留任意愿、组织创新、核心价值观，每个分析角度又细分为多个分析项，例如，贡献意愿可分为外部推动力、环境指示力、工作吸引力3个分析项。组织健康度的分析数据来源有两个，其一是针对全员的年度问卷；其二是大数据分析。在大数据分析层面，通过两个情景介绍关于组织健康度的分析呈现。

情景1：

系统通过同比分析，发现某个团队关键岗位的人员齐备率相比去年同时段低了10%，预测此团队人员不齐备、完成团队目标有困难，若达到人员齐备需要两个月时间，系统会提前至少两个月亮红灯，提醒团队负责人和相应HRBP。

情景2：

系统检测到某位工程师在最近3个月写代码的bug量比前3个月增多了一定比例，工作效率明显降低，通过进一步的大数据分析发现产生问题的原因是该工程师出于业务需要将运用的程序语言从原来的Java语言调整为C语言，由于技能不熟练导致工作效率降低。根据分析结果，系统会向此员工提出参加C语言强化课程培训的建议。

6. 数据挖掘与分析示例：差异化分配

百度的HR大数据平台也为百度实施"Total Contribution"人才评价模型提供了实现基础，在价值创造、价值评价、价值分配的闭环中，正确评价价值、合理分配价值，全力创造价值。百度从2014年开始在内部采取"去KPI化、考核Delta"的绩效管理机制，将KPI完成情况作为充分参考的依据，更侧重于观察一段时间内员工为公司创造价值的总量，也就是考察员工的成果"增量"。而对员工创造价值的衡量和评价则依赖于大数据平台强大的数据分析能力。Delta人才评价机制的实行对全面提升百度人才的创新意识、驱动人才去打破限制、提高创新效率、扩大创新领域发挥着积极作用，这也是百度HR在人才、组织管理上的有益作为和强大优势。

第二节
人才雷达在招聘服务中的应用

我们知道，互联网时代，每个人都在网络上留下了大量的数据，其中包含他的生活轨迹、社交言行等个人信息，那么能否依靠对这些数据的分析，从个人的网上行为中剥离出他的兴趣图谱、性格画像、能力评估，帮助企业更高效地实现人岗匹配呢？这就是基于数据挖掘的人才推荐平台——人才雷达所提供的服务。[①]

一、人才雷达社交体系

在人才雷达网站上，每个企业都会有其内部的账户系统，人力资源部招聘专员可以在平台上发布空缺职位、招聘截止日期和推荐成功的奖励积分，然后通过人才雷达，搜索自己员工的社交人脉圈以确定第一层级的任务传递者，这些传递者一般是曾经成功推荐过该类职位的企业内部员工。为避免搔扰，平台推荐的第一层级传递者是5位，这5位员工都是基于人才雷达对过往推荐历史和员工社交人脉进行数据挖掘后所做的建议，如果招聘官心中已经清楚地知道哪些员工更可能推荐合格的人才，他也可以直接通过电邮邀请。所以，第一层级所邀请的5位推荐者可能有两位是过去的推荐人才，而另外3位是通过数据挖掘而发现的潜在推荐人才（图5-8）。

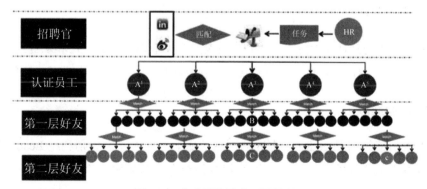

图 5-8 人才雷达社交匹配演示

[①] 备注：本资料来自 36 大数据（36dsj.com）. http://www.36dsj.com/archives/2854.

被邀请的推荐者可以做两件事：

（1）继续利用人才雷达挖掘自己的社交人脉圈去锁定下一层级的推荐者并发出任务邀请；

（2）利用自己的社交网络散布招聘信息，帮助企业扩大传播。

理想状态是每一位任务传递者都可以找到并邀请 5 位下一层级的任务传递者，那么通过 3 层传递，一共可以有 155 位朋友圈的人脉被邀请完成招聘推荐任务。在人才雷达的推荐系统中，其最多传递层次被设定为 3 层，其原因在于，在社交网络中，从一个人到另一个人的平均路径是 4.37 个人，理论上 3 层好友关系已经能够覆盖全网 90% 以上的用户，因此，通过匹配算法过滤后的候选人完全能够满足招聘需求，而如果再添加层级，反而会增加信息噪声。

二、人才雷达成功关键

人才雷达系统的成功关键就在于，受邀用户可以选择绑定自己的 LinkedIn、微博、人人等社交网络账号，让人才雷达搜索引擎自动匹配和推荐用户社交网络中更加适合所招岗位技能要求的人才，并依照契合度来进行推荐排序，每一位被系统列出的推荐者头像旁都会展现一个 9 维的人才雷达图，以方便招聘官挑选，这正是"人才雷达"名称的由来。其核心技术是人才搜寻模型和匹配算法，通过对被推荐者邮箱、网络 ID、Cookie 地址等多维度身份标识的匹配，从 9 个维度来判别被推荐人的适合程度：

1. 职业背景

利用文本挖掘技术，可以从用户的社交账户中获取其教育经历和从业经历，以此来判定其职业背景，甚至从高校网站上获取被推荐人的教育经历、获奖经历等信息。

2. 专业影响力

搜索引擎采用 Page Rank 来评估网站的影响力，人才雷达则利用 Leader Rank 评估专业方向的影响力。例如，被推荐者是否有专业领域的论文发表，在专业论坛（如 Github、CSDN、知乎、丁香园等）上的发帖数、内容被引用数、引用人的影响力等，通过这些信息建模，完成其专业影响力的判断。

3. 好友匹配

社交关系也是判断一个人职业能力的因素之一。所以，辨别用户在社交网络上其好友的专业影响力也是人才雷达推荐系统中的一个重点。同时，即使被推荐者的个人能力难以符合职业需求，但如果他有着能力不错的好友关系，则也可以作为合适的"推荐人"将任务传播到下一层级当中。

4. 性格匹配

依据 DISC（人类行为语言）学，将其在网络上的抽象言行转换为对应的性格特点。这种匹配并不是单纯的文本识别，而是根据其讨论时的反馈数，言辞激烈程度等各种因素来判定其性格。

5. 职业倾向

不少人自己希望追求的职业并不一定是其适合的职业，所以用户在社交网络上的行为表现将有助于系统判别其对职业的符合程度是否与其个人描述的职业愿景相符。

6. 工作地点

虽然不少人在网络上都会填写个人所在地，但由于地点变迁等各种问题，其工作地点并不一定是其填写的那样，但根据其 Cookie 地址，历史填写信息、言论等多维度判别，可以了解该被推荐人合适的工作地点。

7. 求职意愿

由于人的兴趣是不断变化的，所以当用户在网络上的言行有一些明显暗示或变化时，可能表示其将要转换职业方向或离职。这项技术曾被用于联通用户离网意愿的检测。

8. 信任关系

通过对用户社交网络的分析，判断出招聘者到达用户的最有效关系链和这个层级中用户之间的信任关系，利用强关系链进行联系，将更利于企业完成对人才的招聘。

9. 行为模式

不同用户在社交网络上的行为习惯也是不同的，例如，发微博的时间规律，在专业论坛上的时间长短，这些行为模式可以用来辨别其工作时间规律，看其是否符合对应的职位需求。

通过以上9个维度的建模画像，人才雷达不仅能够在节省成本的前提下帮助企业提高人才招聘的效率。同时，与传统的猎头业务相比，其采用群体智慧的方式能够更广泛和客观地筛选人才。并且，其被动测量的方式也能在一定程度上避免直接面试时部分求职者的虚假表现。

人才雷达的主要盈利模式是：

（1）租用模式，给企业提供收费平台，按照公司规模收费。大公司10万～20万元/年，小型公司一般2万～5万元/年。

（2）公司通过人才雷达平台招聘成功，按人次收取30%的伯乐费（大小公司提成比一样）。

（3）针对每家客户定制部分收费，例如定制匹配算法和推荐模型等。另外，人才雷达提供一个月免费使用。

国外类似人才雷达的公司包括ZALP、Jobvite、Zao，国内类似的项目包括人人猎头、哪上班、内推网、爱伯乐、速评网、猎聘秘书等。

在求职招聘领域，从最早大而全的51jobs和智联招聘等平台，到之后哪上班、内推网等专注于垂直细分领域的玩家，可以说，在这个市场，已经开始逐渐形成了一个从关注职位和求职者"数量"到关注"质量"的过渡。随着人工和猎头费用越来越贵，以及各类社交网络日渐普及，给企业提供一个利用大数据定向分析和挖掘，采用众包模式的招聘平台，满足他们高效+低价的实际招聘需求，未来可能是个不错的机会。

第三节 谷歌的大数据人才管理

谷歌被公认为全球最大的搜索引擎，业务包括互联网搜索、云计算、广告技术等，同时开发并提供大量基于互联网的产品与服务。2016年6月8日，《2016年 BrandZ 全球最具价值品牌百强榜》公布，谷歌以2291.98亿美元的品牌价值重新超越苹果成为百强第一。2017年2月，Brand Finance 发布2017年年度全球500强品牌榜单，谷歌排名第一。谷歌在其业务领域一直都是技术风向，无数用户享受着其开发的互联网产品和提供的相应服务。面对如此庞大的用户群体，谷歌每天都会产生海量的数据，这为谷歌成为大数据时代的开拓者提供了便捷的条件。

一、谷歌用数据重新定义 HR

在财政、市场这些领域中，人们已经习惯于用统计数据说话，利用数据作为有力支撑进而做出决策并提出相应的解决方案。而在人力资源领域，人们更习惯于用"经验"来做出判断。但是我们要知道，企业近60%的可用成本都来自人员花费，因此采用基于数据分析的方式来管理这些涉及一大笔花费的项目是具有重要意义的。而谷歌的优势不仅仅在业务部门大数据挖掘的深入，它的成功很大一部分取决于它是世界上为数不多的运用数据导向来处理人力资源职能的企业。这个案例所带给我们的并非是大数据背景下的夸夸其谈，而是为谷歌带来了巨大收益的有效方法。据统计，谷歌每个员工平均每年能够生成将近100万美元市值的生产力，以及平均每年20万美元的利润。

谷歌所用的这套人员管理方法称为"人事分析"，这种方法的核心是将企业中最重要、最影响深远的人员管理决策进行精准化和量化。如果说业务运营、财务管理等决策可以直接产生效益，那么人员管理决策直接决定了是谁来进行业务运营和财务管理的决策。显然，如果我们不能选用能产生最大效用的人，那么他所做出的决策效果也会大打折扣。

谷歌的人力资源管理究竟有什么特别之处呢？首先，在大多数企业中，HR部门被称为"人力资源部"，而在谷歌这一部门被称为"人力运营部"。显然，谷歌认为人力资源的决策与管理是需要强大数据支撑的，它与财务、市场部门一样，强调数据分析决策。这背后自然需要一支专业且强大的团队来完成，谷歌的"人事分析团队"就是来引导这些人力资源管理决策的。谷歌的人力资源部门有一个由十几名名校统计博士组成的分析师队伍，专门研究不同的人力资源政策和员工绩效之间的关联，并根据研究结果随时调整薪资福利、晋升制度等，确保员工队伍始终处在一个良好的工作状态。此外，谷歌的人力分析团队还包括来自统计、金融、组织心理学等领域的博士们，通过这些数据化、精细化的人力资源管理模式，以确保招聘到最佳求职者。使用心理学和数据分析的方式分析哪些员工在谷歌能够成功发展，哪些员工最可能中途离职等问题并建模，帮助做出最优薪酬奖励决策以最长时间留住顶尖人才等。其研究成果体现在智能化招聘、打造多元人，这是谷歌人力资源管理模式的核心内容，同时也是谷歌人力运营部积极影响公司绩效的最有力证明。"人事分析团队"所强调的目标就是：所有的人事决策都是基于数据和数据分析的；人事决策所采用的精确化水平与项目决策是相同的。

二、谷歌的 10 大员工管理模式①

如图 5-9 所示。

图 5-9　谷歌 10 大员工管理模式

1. 氧气项目

"氧气项目"通过对大量的内部数据进行研究分析，判断杰出的管理人应该具备哪些特征，从而培养出优秀的经理人。2009 年，谷歌对公司一万多名员工进行"什么样的经理人才是一个好的经理人"的问卷及访谈。并根据结果推算出规律性的模式，进一步鉴别出卓越领导者的 8 大特性：

（1）成为一个好的教练；

（2）避免微管理，并且进行充分的授权；

（3）经理人对团队成员的成就和心情保持着高度的兴趣；

（4）关注生产力，用结果证明一切；

---

① 谷歌利用数据分析重新定义 HR. http://www.managershare.com/post/140542.

（5）能够成为一个很好的沟通者；

（6）帮助团队成员去发展他们的职业生涯；

（7）为团队设置一个明确的愿景和战略；

（8）拥有关键的技术能力来帮助员工解决问题。

员工们会每年两次地根据这8大特性，对其上司的表现进行评价（图5-10）。

图5-10　谷歌的8大管理特征

2. 人力资源实验室

谷歌通过进行应用性的实验来判断管理员工的最有效方法并为其提供所需的多种工作环境，甚至可以通过科学的数据及实验，减少员工饮食中的卡路里摄入量来促进员工的健康。同时，为了最大化地结合学习、合作及娱乐，谷歌有意识地设计别具一格的工作环境来提升不同部门之间的合作水平，而这些精心的环境设计与管理都是在海量数据的分析与探索中实现的。

3. 人才保留公式

谷歌借助自己开发的一个数学算法，可以成功地预测到哪些员工很有可能会离职，并为员工留任提供个性化解决方案的空间（图5-11）。

图5-11　谷歌的HR人才管理公式

4. 人才管理预测模型

谷歌的人事管理是具有前瞻性的。它开发了一个预测模型并运用有效分析进一步加强对未来人事管理问题的预测。

5. 人才多样性管理

与大多数公司不同的是,谷歌公司运用数据分析来处理员工多样性问题。从结果来看,人员分析团队运用数据分析来鉴定人员(尤其是对于女性员工)招聘、留任和升职板块薄弱的本质原因。

6. 高效招聘公式

作为少数按照科学的方法进行招聘的企业之一,谷歌公司开发了一个算法来预测应聘者在获聘后是否具有最佳生产力。谷歌公司的研究也会鉴别面试背后所隐含的价值,显著地缩短聘请员工的周期。

在部分项目中,谷歌针对每类工作员工招聘开发了一个算法,用于分析被拒绝的简历,分辨出任何他们可能错过的卓越的应聘者。他们发现他们仅有1.5%错失率,重新审视候选人后,他们最终聘请了其中的一部分。

7. 优秀人才的绝对值

谷歌统计过优秀的技术专家与处于平均水平的技术员之间的行为差异。为了检验优秀人才的价值,高管们会利用必要的资源去聘请、留下卓越人才,并进一步发展员工的卓越才能。

谷歌最不为人知的秘密是谷歌的人力运营部专业人员会整理各行各业最佳"商业案例",这是他们能够获得如此卓越的行政支持的主要原因。

8. 工作环境设计对部门合作影响

谷歌特别关注于提升不同职能部门的员工之间的合作水平。谷歌发现这需要进行三个方面的变革:学习、合作以及娱乐。

因此,谷歌有意识地设计它的工作环境用来最大化地结合学习、合作与娱乐。甚至追踪员工们在咖啡厅所花费的时间。对于一些公司来说,设计"娱乐"环节看起来可能是奢侈的,但是数据显示"娱乐"是人际吸引、人员留任和员工合作中的关键因素。

9. 提升发现和学习机制

相比于将目光集中在传统的室内学习，现在企业更加强调在实践中学习。谷歌通过循环式学习、从失败中学习，甚至邀请类似美国前总统 Al Gore 和歌手 Lady Gaga 等人来演讲，从而提升员工发现与学习的契机。自主学习能力以及适应力都是谷歌员工的核心胜任力。

10. 用数据影响员工

谷歌人员分析团队成功的最后一项关键要素并不是发生在分析过程中，而是体现在给高管们和管理者的最终建议书上。相比于用要求或胁迫的方式令管理者接受变革，它借助内部的顾问和高影响力的人基于强大的数据以及所呈现的行为来说服员工。

第四节 腾讯 HR 的大数据实践

大数据不是个新鲜字眼，然而在人力资源领域还是刚刚起步。我们从平台建设、连接效能和方向牵引这三个方面简单介绍腾讯在 HR 大数据领域的探索经验，这样的企业、这样的实验对于未来的应用有着极其重要的参考价值，值得我们琢磨和思考。HR 要提升岗位价值，显化工作效益，为公司战略提供决策依据，数据分析和转化更是不可或缺。①

一、HR 的大数据功能

搜索一下"HR+大数据"，可以轻松得到几百万条记录，可见大数据在 HR 领域并不是一个陌生的话题，遗憾的是，热度有余而深度不足。北大光华的穆胜

---

① 备注：此资料来源于环球人力资源库。http://www.hr.com.cn/p/1423415427.

博士在其写的《大数据为何走不进人力资源管理？》一文中提出"HR 可能误会了大数据"，HR 的大数据需要有自己的玩法，其不同于传统的 HR 数据分析的功能，可以概括为三个方面。

1. 养成平台的能力

大数据的特征概括为 4V，Volume（大量）、Velocity（高速）、Variety（多样性）、Veracity（真实性）。这也决定 HR 的大数据绝不仅仅是把一些数据拿过来分析，而是一个涵盖数据的产生、存储、抓取、清理、分析、挖掘、建模、训练、验证、呈现的全过程的综合平台。

2. 要有连接的效能

与传统的数据分析只需要得出一个数据性的管理结论不同，HR 的大数据分析包括提出概念、分析框架、数据准备、数据清理、数据挖掘、模型创建、训练验证以及管理行动，其过程充分卷入了 HR 三支柱的 COE、BP 和 SDC，乃至于管理者和员工，其目标是推动 HR 管理的持续改善。

3. 能够牵引 HR 的方向

传统的数据分析多是事后的总结，是一种滞后的管理。而 HR 的大数据分析则要求能够帮助 HR 进行预测，实现前置的管理。

例如，传统的人力资源通过绩效管理来识别高绩效的员工并帮助员工持续提升绩效，而在大数据模式下的思路则是通过数据的挖掘找到高绩效员工的特征要素，让企业的每一个员工都能够持续产生高绩效。

由于多数企业在 HR 的数据领域缺乏规划，要实现上述突破对 HR 部门而言将是一个漫长而艰难的过程。

腾讯在 HR 领域的大数据实践最早可以追溯到 2012 年，通过 People Soft 搭建起了 HR 的统一结果库，并开展了第一期的数据清理工作。

（1）腾讯的 HR 大数据平台由应用层、功能层以及团队三个部分组成。

（2）应用层主要解决 HR 大数据如何支撑 HR 业务的问题，阐述的是大数据的应用场景，以及需求如何被响应和落地。

（3）功能层主要解决 HR 大数据在后台如何运作的问题，阐述的是如何去科学地管理和使用数据，保障数据的质量和价值，包括元数据管理、数据质量管理和逻辑建模规划三大核心模块。

（4）从应用层和功能层我们可以看到 HR 的大数据涉及了 HR 专业以外的 IT 系统、数据库、数据分析、产品设计等多个专业，这也意味着仅凭专业的 HR 是无法搭建起 HR 的大数据平台的。

以腾讯 SDC 的大数据团队为例，其成员由 SSC、eHR、区域中心的员工共同组成，是一个拥有人力资源、HR 信息化、数据库、HR 咨询复合工作经验和背景的团队。

二、典型项目案例

1. 大数据与 HR 三支柱结合

该项目由 COE 最先提出概念，先后卷入 BP 和 SDC，迅速成立了项目联合团队。其中 COE 团队负责政策、资源的协调以及专业方向的把控，BP 团队负责模型验证以及落地研究，SDC 团队则负责数据清理、质量建设、特征挖掘以及模型的搭建和训练。在这个项目中，不仅 COE、BP 和 SDC 的人被连接起来，同时连接的还有对应的"事"和"信息"。

2. 大数据评估员工稳定性

传统的 HR 数据分析会围绕离职率展开分析，而在 HR 的大数据分析中则是将腾讯历史上所有的员工按照稳定程度分成多个样本，通过数据的挖掘找到与稳定性相关的典型特征，建立起能够识别候选人稳定性的数学模型。其目标之一是希望通过应聘者的简历自动对其稳定性给出评估建议，也为后续招聘以及保留环节提供参考。

三、腾讯 HR 大数据的启示

1. 从现在开始，夯实数据基础

以腾讯的某个 HR 大数据项目为例，一次调用的数据就超过了 600 万条，

400 多个字段，一般的 PC 机以及 Excel、Spss 等工具都无法支撑此种量级的数据挖掘，但是其量级又达不到使用 TDW 的程度，加上数据敏感性等诸多因素，最终发现需要搭建用于 HR 大数据分析的服务器。

2. 数据质量决定数据的价值

涂子沛在《大数据》一书中用了整整一个章节来阐述数据质量，足见数据质量的重要性。

3. 挖掘数据而不是统计数据

仅从统计学的方法上看就可以看到差别，传统的 HR 数据分析用的最多的统计方法就是描述统计、箱型图等。但是到了 HR 的大数据分析，相关性分析、方差分析、回归分析、聚类分析、决策树模型等用的会更多。其原因就像维克托·迈尔－舍恩伯格在其《大数据时代》中强调的，大数据研究的"不是因果关系，而是相关关系"。

对于企业的 HR 而言，当 HR 遇上大数据，我们更应该抓住这个机会，在大数据平台能力、连接的效能、牵引 HR 方向这三个方面寻求突破，进行创新性的研究和探索，提升 HR 之于企业的价值和影响力。

最后借用名言："It was the best of times, it was the worst of times." AI 时代带给 HR 的不仅仅有挑战，同样也有机会。亦如郭重庆院士所言，"管理学界应该抓住这个机会，实现自己的历史使命和担当。"

第五节 猎聘薪酬大数据实践[①]

一、猎聘为什么要做薪酬数据库

近年来，国内企业人力资源管理水平不断提升，很多企业的人力资源管理理

[①] 备注：资料来源于猎聘全国薪酬数据研究中心。

念也已经从传统的事务性操作逐渐转变为面向业务的人才管理，人力资源部门不再作为简单的职能部门存在，而是需要为决策提供更多的支持和针对性建议，甚至参与到公司决策。在工作内容上，人力资源管理从业务流程的管理和操作角色，逐步转变为企业人才管理顾问的角色，数据化的分析与运用、科学合理地优化人才体系、设计人才管理策略成为了更重要的工作内容。

猎聘是目前国内最大的企业、猎头和职业经理人三方互动的平台，除了帮助企业招人、帮助个人推荐靠谱工作之外，也在不断地积累人力资源相关的知识和经验，加上平台上3000万用户和50万企业的数据积累，大数据和人力资源这两个属性的结合，让猎聘也有了更多的责任，帮助企业提升人力资源管理水平。这两年猎聘也不断运用大数据技术，检测人才变化情况和供求规律，为企业人力资源从业者、企业管理者，甚至是城市管理者制定人才策略提供宏观参考信息。

而在企业人力资源管理实操上，猎聘选择薪酬这个模块开始企业数据化管理提升之路。薪酬也是HR朋友们比较关注的点，从招人、留人的付薪，到业务上的薪酬体系的搭建、薪酬结构的设计，还有每年的调薪政策，都是和薪酬有关的，而且员工对薪酬的满意度也是员工考虑是否跳槽的主要因素。猎聘的薪酬数据库，为HR在定薪、调薪等工作中提供数据支持。

二、为何说猎聘的薪酬数据库与众不同

做一个好的薪酬产品，需要好的团队，不同于一般的互联网产品，薪酬数据库的研发和设计除了需要良好的互联网思维外，更需要对人力资源管理的深刻理解。最终，猎聘薪酬团队吸纳了国内外知名人力资源管理咨询公司的资深咨询顾问和顶尖院校企业管理研究机构的专家一同设计了这款不一样的薪酬产品。

其实薪酬产品市场上有很多，很多管理咨询公司和市场调研公司都在做这方面的工作，通常是邀请企业参与薪酬调研，通过问卷、访谈等方式获取企业薪酬及其他人力资源管理相关信息，然后汇总统计并进行分析，最终呈现行业内不同岗位的薪酬数据。这是一种传统的薪酬调研方式，而猎聘的薪酬数据库则采用了完全不同的"数据+咨询"的方法论和呈现效果，如图5-12与图5-13所示。

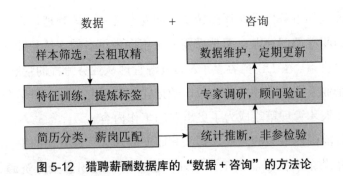

图 5-12 猎聘薪酬数据库的"数据+咨询"的方法论

	猎聘薪酬数据库	传统薪酬报告产品
调研模式	运用大数据技术,对猎聘3000万用户数据分析,取活跃用户数据分析形成	目标企业接受薪酬调研邀请后,参与填写薪酬调研问卷,通过分析问卷形成薪酬报告
数据广度	3000万职业经理人用户优质数据	数十到数百家不等,参与调研问卷的企业所填数据
报告时效	与市场接轨,定期更新	制作需6~10个月,无后续更新
呈现方式	网站登录浏览,交互性强	纸质印刷报告或PDF文件

图 5-13 猎聘薪酬数据库结构

三、如何保证薪酬数据的准确性

传统模式下的薪酬调研会面临企业提交问卷信息的真实性不好保证从而影响数据质量的问题,同样,新的方法论也会面临如何保证数据质量的问题,就是说人们会准确填写薪酬数据吗?

一般会的。当一个人处于找工作的场景下,填写高于其真实薪酬的数据会带来工作机会被推荐的概率,但也会增大因背景调查而导致求职失败并影响个人信誉的风险,从理性的角度,填写相对真实的数据有助于其求职。

当然仍然会存在可靠性较低的数据,所以在实操上,我们也进行了大量的数据处理工作来去伪存真,确保我们的数据准确可靠,通过完成样本筛选、特征训练、设立标签体系,从而完成简历分类和薪酬岗位匹配识别工作,选用高可靠度岗位薪酬样本进行统计推断,并结合团队人力资源专家和猎聘全球职业发展中心顾问的调研和验证工作,进行数据校核,最终发布时效性强、准确度高的薪酬数据,并定期更新与维护。

目前猎聘已经上线互联网、金融、地产三大行业共 23 个细分领域的线上薪酬数据库,涵盖财务、人事、法务等通用职能及各行业特有职能序列,覆盖北上广深及主要二线城市。HR 用户可以从地区、细分领域、职能、工作年限、下属情况等多个维度筛选对比岗位薪酬数据,并实时呈现数据对比图表,掌握最新市场薪酬分位值(P10、P25、P50、P75、P90)及均值数据,帮助人力资源工作开展,已有超过 4000 家企业级客户订阅了猎聘线上薪酬数据库产品;同时在个人用户端,金卡用户也可以访问薪酬数据库,定位自己的薪酬水平,为求职之路提供薪酬参考(图 5-14)。

图 5-14　猎聘薪酬数据库结构线上系统

用户可以选择不同的行业、不同年份和季度、不同地区的薪酬报告,以互联网行业举例,可以选择技术、产品等各个职能序列,选择对应岗位查询薪酬数据。猎聘薪酬团队抓取并提炼了数以万计的企业岗位信息,归纳出各行业的通用岗位体系,岗位覆盖水平可满足市面上绝大多数的行业内企业的需求(图 5-15)。

图 5-15　猎聘薪酬数据库入口

点击查询后即可看到该岗位总体薪酬数据及对应图表,右侧可以更聚焦地查阅该岗位在不同的细分行业、不同的工作年限、不同的下属情形下的薪酬分布情况。右上角的薪酬数据表入口可以实现多岗位间的薪酬对比，方便HR进行细分行业间或职能间的对比分析工作（图5-16）。

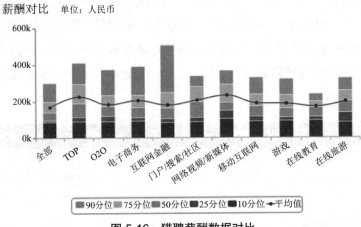

图5-16　猎聘薪酬数据对比

同时薪酬对比表也会同步展示所选岗位在不同细分领域、工作年限和地区间的分位值分布情况，行业薪酬一目了然。

综上，猎聘薪酬数据库是一个与众不同的薪酬产品，依托海量企业人才数据资源，多维度、多领域实现岗位聚焦，可以即时掌控薪酬动态，体验方式新颖独特、界面友好、交互便利的颠覆性薪酬报告。订阅猎聘薪酬数据服务能够帮助用户获得交互式薪酬查询体验，查看跨行业、跨地区的市场薪酬，获取跨细分领域、工作年限、从属关系的薪酬对比图表分析结果。

四、定制化薪酬调研又是什么

薪酬数据库产品陆续上线的同时，猎聘也不断改进薪酬产品服务体验，升级薪酬产品服务内容，为HR在人力资源工作中提供更多支持，助力国内企业人力资源管理水平提升，定制化薪酬调研就是这样应运而生的产品。

很多有薪酬需求的企业其实并不需要也不必要知道一个行业所有企业或者该行业全部岗位的薪酬数据，他们只需要知道某一地区、某一细分行业的中高层管理岗位及关键业务岗位的薪酬数据，用于企业的年度调薪或薪酬体系的参考基准。定制化薪酬调研就是这样一款量身定做的产品，依托猎聘薪酬数据库资源，面向对招聘岗位有直接需求的客户,提供精准聚焦岗位的薪酬报告产品。

定制化薪酬调研有以下四个主要特点:

1. 针对性强

评估客户的需求及岗位的具体特征,通过分析调研岗位的具体工作职责,对特定行业、地区及调研群体的岗位进行匹配并开展针对性薪酬调研工作,最终呈现精确聚焦的薪酬数据。

2. 可靠性高

运用薪酬数据库产品中成熟运用的大数据技术对企业数据、岗位数据及各行业人才数据去伪存真,确保样本数据的准确可靠。

3. 运作周期短

一般而言签订合同后 10 个工作日内即可完成定制化薪酬调研,与传统薪酬调研相比,效率提升 19 倍。

4. 性价比高

直击需求痛点,剔除传统薪酬调研报告中的无关信息,提供客户真正想要了解岗位的薪酬数据及相关服务。

目前定制化薪酬调研已经在互联网、金融、地产、制造、电子信息、医药、消费品等行业推广,也受到了 HR 朋友们的广泛认可。未来定制化产品也将随着猎聘薪酬福利领域的不断积累,为客户提供更专业、更准确、更深层次的服务,助力企业人力资源管理水平提升。

第六节 2 号人事部的大数据应用实践

现代企业管理决策,越来越需要从纷繁复杂的人力资源数据中,分析出各种信息和线索作为决策依据。利用数据进行分析和表达,也逐渐成为人力资源管理中重要的技能领域。

一、人力资源管理数据应用阶段

目前企业人力资源管理,在数据方面的应用一般分两个阶段,初级阶段与高级阶段。初级阶段是对本企业人力资源工作中各环节数据信息的采集加工和分析,常用的人力资源数据指标大致分为三类:员工管理类、人力资源职能类、人力资源发展类。

1. 数据应用的初级阶段:小数据

员工管理类。企业通常将已收集的员工数据转变为图表形式,通过各部门各岗位之间做一个横向的对比,方便管理者整体查看企业整体的数据情况,通常是单一维度的数据对比形式。图 5-17 更鲜明地表现了人力资源工作中关于招聘、培训等相关内容的实际工作量以及工作效率,能够让管理者清晰地了解人事部门的工作情况,便于公司内部管理。

数量统计	员工结构统计	员工管理统计
1. 员工人数统计 2. 各部门员工数 3. 增长率统计 4. 变化统计 ……	1. 各部门、岗位、职级等结构分布 2. 员工学历统计 3. 员工工龄统计 4. 员工年龄统计 ……	1. 离职率统计 (整体、各部门各岗位、工龄段、主被动、原因分析) 2. 调岗、异动、晋升、降职等

图 5-17 人力资源职能类指标

典型的是招聘过程管理中的金字塔模型(图 5-18)。

图 5-18 员工管理类指标

人力资源发展指标。此类数据指标的统计分析的目的是为了企业的长期发展，对比分析人力资源方面的工作准备是否与企业的长期发展目标相一致（图 5-19）。

基础数据	人才梯队数据	人力资源效率统计
人才素质统计，如岗级、学历、职称等；	1. 储备干部人数、占比； 2. 储备干部学历符合率； 3. 储备干部历练……	1. 劳动生产率 2. 万元工资销售收入； 3. 万元工资净利润

图 5-19　人力资源发展类指标

这些常见的人力资源数据分析严格上来说，并不是"大数据""数据挖掘"，"数据预测"的概念。大数据分析基于的是大数据，其特点就是数据量大，要达到 TB 甚至 PB 的数据量。这样的数据量，特别是人力资源管理相关的数据量，几乎不太可能在单独一家企业中出现。而这种基于真正的大数据分析的管理应用，我们定义其为数据应用的第二阶段，也称为高级阶段。

2. 数据应用的高级阶段：大数据分析

从大数据应用所涉及的技术看，大数据分析一般包括原始数据采集、数据清洗、数据保存、数据挖掘、预测模型、结果呈现等多个方面，另外包含必要的基础架构（云服务、云存储、安全监控等）这几大环节。下面将对其中几个重要环节做简单探讨。

（1）在原始数据采集方面

需要能够将人力资源管理过程中的信息有效地采集出来，通常包括但不限于员工管理、培训管理、素质评测、绩效考核、招聘管理等角度，目前具备这种数据采集能力的信息化系统比较常见，而其中关键的因素在于，是否能够足够细化，以及是否能够不断常态化地进行数据提取和分析，原始数据的颗粒度越小则对后续进行数据分析的支持力度越大，而颗粒度越小带来的对企业人力资源管理中所必须的要求是信息化建设和应用的场景要足够多和足够深，这对企业的信息化和管理要求非常高。

(2) 在数据的特点方面

人力资源数据往往具有分散性特点，比如做人力资源效能分析，就必然需要公司在经营方面的数据，才能做到对劳动生产率、人工成本、人均产能、创利能力等进行分析；而要做人员流动性分析，以及薪酬的公平性分析，不仅需要内部数据，还要能够获取行业数据，甚至是区域性相关的数据；另外，某些类型的数据分析，需要收集政府不同部门所发布的统计数据，这些数据的特点，就对数据来源和采集方面带来相当高的要求，随之而来的，就是数据的结构性差异复杂性，需要能够兼容分析。

(3) 在数据挖掘方面

人力资源大数据分析，因为涉及的分析角度比较多，必然会交叉结合多种数据分析的算法。比如在统计分析中，会用到假设检验、多元回归分析、聚类分析、方差分析以及针对规则挖掘的分类、估计、预测、相关性分组等。数据挖掘环节是一切后续应用的基础。

(4) 在预测模型环节

这是大数据分析的重要环节，不管是数据采集，还是对规则的挖掘，其重要的应用目的，也就是说大数据分析的核心目的之一，就是对目标的预测，一般涉及的技术领域包括机器学习、建模仿真等。

(5) 在结果呈现方面

通常来说，常规的大数据应用，往往通过云计算、标签云、关系图等方式进行呈现，而人力资源管理中进行大数据应用的高级阶段在于指导日常的管理工作，需要能够用最简单的方式体现在日常事务中，才能真正把大数据分析的价值发挥出来，并借此提高企业管理的效率。

二、人力资源管理 SaaS 平台 2 号人事部实践

人力资源管理 SaaS 平台 2 号人事部是如何实现各类企业来提供大数据应用服务的呢？首先要解决的就是原始数据的采集过程。这里面包含两个角度的数据支持。

1. 协助企业进行内部的数据采集

通过为企业提供基于提高日常事务管理效率的平台工具，帮助企业人资管理中各环节的角色提升工作效率，并通过移动互联网使企业各级管理人员与员工之间的互动变得高效，实现人资管理的数据化。另外，通过标准化 API 架构设计，系统可以非常便捷地与企业其他已有业务系统进行对接，从而实现内部异构数据的采集。目前已经实现的功能点包括：工作台、档案管理、薪酬、社保管理、员工自助管理、APP 以及微信等各种数据端，如图 5-20～图 5-22 所示。

图 5-20　我的工作台

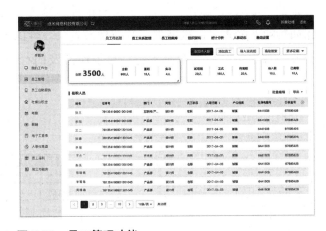

图 5-21　员工管理功能

手机APP功能

工作日历
人事日历的工作动态：入职、合同到期、员工生日等事项及时提醒。

员工档案上传
拍照上传入职、合同、转正、离职等已有的纸质材料；PC端即时同步查看，永久云储存。

OCR智能识别证件
身份证、银行卡、社保卡等直接拍照，将会智能识别卡号，高效又无忧。

APP加密
图形手势、指纹解锁等确保账号、信息安全。

图 5-22　手机 APP

2. 协助企业进行外部数据采集

目前 2 号人事部已经实现了多达 72 种外部数据来源的集成和合作，包括征信系统、学历认证系统、身份证验证系统、公安部黑名单数据、失信数据、司法系统、工商管理信息系统、背景调查系统等多方面的数据对接，可以帮助企业在数据分析的时候获得必要的数据支持。

2 号人事部上线 5 个月，入住企业 12 万家，目标在 3 年内达到企业数 100 万家。跨企业所形成的数据统计方式，会对单独一家企业的数据分析带来直接的支持，比如行业薪酬水平，区域性、行业性或者阶段性的用工需求分析等，都可以成为企业内部进行分析的数据支持。目前所涉及的行业分布以及规模分布如图 5-23 所示。

用户所在行业分布

行业	占比
制造业	19.2%
互联网/IT	15.4%
批发和零售	7.2%
房地产	6.1%
金融/保险	5.3%
医疗/保健	5.1%
教育	4.6%
建筑业	3.4%
住宿和餐饮	2.7%
咨询/顾问	2.5%
交通/物流/运输	2.1%
文化/体育/娱乐	1.9%
广告/市场	1.5%
旅游业	1.4%

规模	占比
20~99人	38.0%
100~500人	37.6%
500人以上	14.4%
11~19人	6.2%
10人以下	3.8%

图 5-23　2 号人事部的行业分布及规模

三、企业用工风险的警示和解决

基于这两个角度的数据来源支持,简单举例介绍一个 2 号人事部能够为企业(含大中小微企业)提供的一个大数据应用案例:企业用工风险的警示和解决。

用工风险管控是每家企业都面临的常见难题之一,这个问题的来源有多种因素,一个是国家在用工政策实施过程中的不平衡;另一个是企业不重视;还有就是人力资源从业者专业知识的欠缺。如果需要解决这个问题,也必然需要从此两个角度中进行分解。

针对政策的提取和分析,2 号人事部通过对员工从入职到离职过程中可能产生的 231 个风险点进行了筛选,分解和提取了相应的法律条文和风险后果,从而解决对政策理解的信息化和标准化。

通过对所有劳资纠纷案例的分析和跟踪,对已经发生的劳资纠纷结果进行统计,与人力资源管理过程中可能的风险点进行挂钩,从而实现对企业用工风险的预判以及后果的预测。

将前面大数据分析后的风险模型与软件操作中的具体功能进行对接,从而帮助操作者在日常事务处理中,被警示和协助处理遇到的风险:后果的预判,会帮助企业加强对用工风险的重视程度,而对日常工作的规范,则能够帮助企业的人力资源从业者大大降低对《劳动法》条文的学习门槛,并且可以通过平台直接进行针对性的处理。从而规避企业风险,降低企业成本,并提高管理的效率和专业程度。

从以上案例的分析可以发现,通过 2 号人事部,实现大数据在企业管理中的应用,能够最有效率地解决各类企业,特别是中小微企业,在人力资源管理方面,因为信息不全、编制不够、专业性不强、企业不够重视等多方面因素所造成的人力资源管理效率不高的问题,从而大大提高了企业的管理效率,降低了企业的经营成本,帮助企业在现代化竞争中处于优势位置。

第六章

AI在人力资源领域的应用趋势

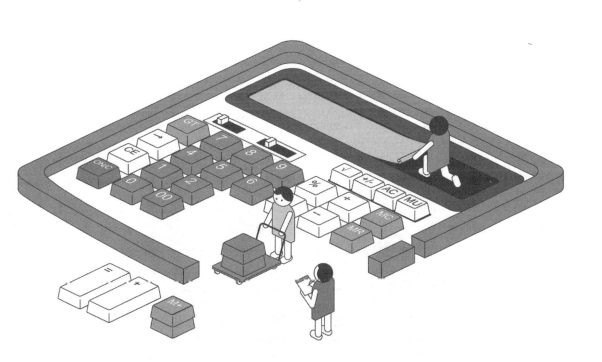

在瞬息万变的时代，人力资源管理的未来面临什么样的趋势？这是所有 HR 从业者，甚至 CEO 都在关心和迫切想要了解的。组织变革、并购、合弄制、大数据、敏捷绩效等都是移动互联网时代的新名词，那人力资源的下一幕是什么呢？人工智能！人工智能将给人力资源领域带来什么样的变革和战略转型呢？本部分内容尚不能系统梳理 AI 在人力资源领域的应用趋势，仅仅从几点提出一些思考，以供人力资源管理者思考。

1. 人工智能技术在人力资源领域中的应用[①]

2017 年是个分水岭，因为人工智能开始应用于人力资源领域，并逐步开始显现其独特的价值。

人脸识别技术已经在人力资源里的一些场景落地，比如刷脸门禁、人脸支付，已在百度总部实现，刷脸考勤也将会在分公司实现（图 6-1 与图 6-2）。招聘领域的在线考试也可以通过刷脸来识别真实考生防止替考。

图 6-1　人脸识别技术应用于考勤

---

① 资料来源：王崇良 .AI 在人力资源领域的应用趋势 .2017 年 eHR 夏季论坛的讲话 .

图 6-2 人脸识别技术应用于支付

还有 HR 智能机器人，可以自助打印证明等，节省服务时间提升效率，增强用户体验。

OCR 技术可用于识别拍照上传的纸质简历或图片简历，OCR 是第一步，简历解析是第二步，快速几秒就能变成数据库的结构化简历。HR 和面试官如果想对简历做备注，也无须打字，直接说话就能通过语音识别技术变为文字，轻松备注。

2. 基于 AI 技术下的 HR 信息化变革

简单来讲，就是增加了 AI 技术应用层，将图像识别、语音识别、用户画像、对话机器人等技术广泛应用到了人力资源系统与流程中，背后仍然是大数据技术驱动的人力资源相关用户产品，助力管理决策与战略转型（图 6-3）。

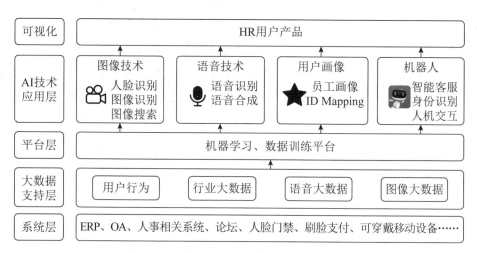

图 6-3 AI 技术下的 HR 信息系统迭代升级

3. 基于 AI 技术下的人才特征

2017年7月12日，谷歌宣布了一项全新计划，名为"人类与AI研究"（People + AI Research，PAIR），希望智能机器与人类紧密合作。未来凡是能标准化的工作，将会被机器人替代，需要脑力辨析能力、情感交流的工作将不可替代。

首先，数字经济下，无法被技术所取代的人才技能的重要性越发凸显。然而，劳动力市场高素质人才的结构性短缺却成为制约诸多中国企业发展的核心瓶颈。其次，数字经济对各行业组织数字化转型的激发，更是加剧了企业间的人才争夺战，尤其凸显了对高阶、稀缺的数字化人才、跨界人才的旺盛需求，以及在企业成功吸引他们之后，如何有效管理的新议题。最后，数字经济下，"90后""95后"新生代成为职场主力军，这一群体鲜明的个性特征、就业文化及价值观同样对企业的传统人才管理模式提出挑战。

数字技术深入改变了诸多传统行业的商业逻辑，尤其是能够在垂直行业内深度应用数字化技术、理解互联网+运作方式的跨界人才——他们既需要具备数字化思维和能力，又要熟悉行业的业务模式及流程。对于 HR 来说，面临的挑战更是前所未有，不仅仅要面对 AI 技术背景下对数字技术人员的岗位需求及人员素质界定、对具有较强流动性特征的高阶数字人才与新生代的管理与开发，还要面对自身素质能力的极大挑战。

戴维·尤里奇的研究显示：中国人力资源从业者在9大胜任力方面，合规性、可信赖的行动派两个维度上做得最好，而这两个维度正是 HR 专业性的体现。在战略定位者、矛盾疏导者两个维度上相对较弱，而恰恰这两个维度对业务影响最大，也是老板最关注的。所以，我们在坚持不断发挥专业能力的基础上，要往对业务产生影响最大化的方向努力，解老板之痛。那是不是说不用关注"合规性"与"可信赖的行动派"了，因为它们对业务的影响很小？答案是否定的，因为这是我们从事人力资源领域的敲门砖。数据分析的设计与解读，也要反映这些趋势（图6-4）。

第六章　AI 在人力资源领域的应用趋势 | 215

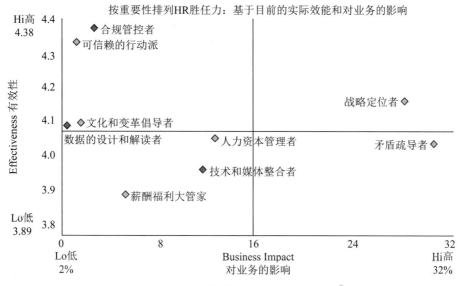

图 6-4　HR 个人效能与胜任力之间的关系①

面对数字技术、互联网、人工智能、大数据，HR 人员首先是自己本身的变革，HR 传统理论知识框架及曾经引以为豪的"实践"不再是 HR 的优势，而是需要打破"常规"，自身更加持续地学习和实践数字革命带来的颠覆性的跨学科理论框架，提升数字经济下的组织及岗位胜任能力。

---

① 戴维·尤里奇. 与 HR 之父戴维·尤里奇的零距离互动.（应肯耐珂萨邀请于 2016 年 11 月 16 日在上海的演讲（HRoot））. http://www.hroot.com/contents/6/323427.html.

参考文献

[1] 戴维•尤里奇．人力资源转型——为组织创造价值和达成成果．李祖滨，孙晓平，译．北京：电子工业出版社，2015.

[2] 马海刚，彭剑锋，西楠．HR+三支柱——人力资源管理转型升级与实践创新．北京：中国人民大学出版社，2017.

[3] 戴维•尤里奇．与HR之父戴维•尤里奇的零距离互动．（应肯耐珂萨邀请于2016年11月16日在上海的演讲（HRoot）．http://www.hroot.com/contents/6/323427.html.

[4] 波士顿咨询．迈向2035：4亿数字经济就业的未来．商学院，2017.2.

[5] 李彦宏．AI时代的思维方式．http://news.hiapk.com/internet/s5924faba6f76.html.

[6] 黄雪明．埃森哲：人工智能将重新定义人才管理．http://www.sohu.com/a/128690839_390227.

[7] 约翰•布德鲁，瑞文•杰苏萨桑．变革创造价值——人力资源循证式管理．陈丽芳，译．北京：中国电力出版社，2012.

[8] 彭剑锋．生态组织的10大特征与人力资源管理的10大思维．华夏基石e洞察，2016.

[9] 常扬，李传涛．什么是生态化的组织形态．创业家，2013（9）．

[10] 维克多•W.黄，格雷格•霍洛维茨．硅谷生态圈——创新的雨林法则．诸葛越，许斌，林翔，志鹏，王霞，译．北京：机械工业出版社．2015.

[11] 张瑞敏．没有成功的企业只有时代的企业．21CN财经．http://finance.21cn.

com/newsdoc/zx/a/2014/0619/09/27494808.shtml.

[12] 王通讯. 天安门大数据思维与决策.

[13] 傅一平. 大数据为什么不是简单的 BI 升级. http://www.36dsj.com/archives/59858.

[14] 龙柒. 世界上最伟大的 50 种思维方法. 北京：金城出版社, 2011.

[15] 段云峰, 秦晓飞. 大数据的互联网思维. 北京：电子工业出版社, 2015.

[16] 维克托·迈尔-舍恩伯格. 信息风暴时代的黎明：成功与失败. 2013IBM 技术峰会. http://server.51cto.com/BigData-402711.htm.

[17] 王通讯, 黄秋钧. 大数据产业莫让人才拖后腿. 光明日报, 2016 年 11 月 08 日 16 版.

[18] 大数据与分析让企业掌握竞争力绝对优势. http://gd.sina.com.cn/szfinance/hlwjr/2014-08-22/07434737.html.

[19] 要将大数据和分析转变为竞争优势，实现业务转型，必须做到这三点. http://blog.csdn.net/tcict/article/details/72867115.

[20] 李华芳. 沃尔玛如何利用大数据颠覆零售业. https://baijia.baidu.com/s?old_id=442944.

[21] 徐子沛. 大数据. 桂林：广西师范大学出版社, 2015.

[22] 柯塞. 厉害了, "大数据" 竟然能预测员工的心理状态. 培训；2016.

[23] 黄秋钧, 王通讯. 大数据产业莫让人才拖后腿. 光明日报, 2016-11-08.

[24] NoSQL Distilled: A Brief Guide to the Emerging World of Polyglot Persistence, Pramod J. Sadalage and Martin Fowler.

[25] https://www.intel.com/content/www/us/en/products/memory-storage/solid-state-drives/data-center-ssds/dc-p3608-series/dc-p3608-4tb-aic-20nm.html.

[26] Dean, Jeffrey, and Sanjay Ghemawat. "MapReduce: Simplified Data Processing on Large Clusters." COMMUNICATIONS OF THE ACM 51.1 （2008）: 107.

[27] Badger, Lee, et al. "Draft cloud computing synopsis and recommendations." Recommendations of the National Institute of Standards and Technology （2011）.

[28] Artificial Intelligence: A modern approach, Prentice Hall, 2009:1-5.

[29] Samuel, Arthur L. "Some studies in machine learning using the game of

checkers." IBM Journal of research and development 44.1.2（2000）：206-226.

[30] http://www.erogol.com/brief-history-machine-learning.

[31] Campbell，A.J. Hoane Jr.，F. Hsu，Artificial Intelligence 134，57（2002）.

[32] Boser，B. E.；Guyon，I. M.；Vapnik，V. N.（1992）."A training algorithm for optimal margin classifiers". Proceedings of the fifth annual workshop on Computational learning theory – COLT，92：144.

[33] Breiman，Leo（2001）."Random Forests". Machine Learning. 45（1）：5–32.

[34] Freund，Yoav；Schapire，Robert E. A Decision-Theoretic Generalization of on-Line Learning and an Application to Boosting. 1995.

[35] https://zh.wikipedia.org/wiki/AdaBoost.

[36] Agrawal，Rakesh，Tomasz Imieliński，and Arun Swami."Mining association rules between sets of items in large databases." Acm sigmod record. Vol. 22. No. 2. ACM，1993.

[37] Superintelligence：Paths，Dangers，Strategies，Nick Bostrom，2014：17.

[38] https://en.wikipedia.org/wiki/List_of_animals_by_number_of_neurons.

[39] W. Frawley and G. Piatetsky-Shapiro and C. Matheus Knowledge Discovery in Databases：An Overview AI Magazine，Fall 1992：213–228. ISSN 0738-4602.

[40] Jiawei Han，Micheline Kamber，Jian Pei. 数据挖掘概念与技术（第三版）. 范明，孟小峰，译 . 北京：机械工业出版社，2012.

[41] B.A.Devlin，P.T.Murphy. IBM System Journal，VOL 27，NO 1，60-80.

[42] Chapman，P. et al，2000. CRISP-DM 1.0 - Step-by-step data mining guide.

[43] Azevedo，A. and Santos，M. F. KDD，SEMMA and CRISP-DM：a parallel overview. In Proceedings of the IADIS European Conference on Data Mining 2008，182-185. Archived January 9，2013，at the Wayback Machine.

[44] https://www.nytimes.com/interactive/projects/london2012/results.

[45] http://echarts.baidu.com/echarts2/doc/example/scatter1.html.

[46] Hey，T.，Tansley，S.，& Tolle，K.（Eds.）.（2010）. The Fourth Paradigm：Data-Intensive Scientific Discovery.

[47] Jac Fitz-Enz，John R. Mattox Ⅱ .Predictive Analytics for Human Resources.

[48] 利·布拉纳姆 . 留住好员工：揭开员工流失的 7 大隐秘 . 王育伟，译 . 北京：

中信出版集团.2017.

[49] 德勤：重构绩效管理.http://www.360doc.com/content/17/0405/10/40352656_642990321.shtml.

[50] 熊辉.百度人才智库（TIC）：引领人才管理人工智能化转型——离职预测准确率超过90%.哈佛商业评论.

[51] 谷歌利用数据分析重新定义HR. http://www.managershare.com/post/140542.

后记

马云讲过这么一段话,他说当我们大家还不懂得计算机的时候,网络时代来临了;当我们大家还不懂得网络的时候,大数据时代来临了。这两句话非常值得琢磨,琢磨什么呢?就是这个世界变化太快,搞得不好,我们就要落伍,这种现象有吗?有的。100多年前的美国正在从马车时代走向汽车时代,当时的汽车大王叫福特,他询问了好多美国人,问他们现在最需要什么,那些美国人说,我们现在很需要一匹更快的马,我们需要更快的马车。

这种过时的,被时代淘汰的思想、思维,现在有吗?现在也有。比方说有人认为现在大数据跟我们的人力资源没关系,是没有关系吗?还有人认为,大数据在人力资源领域的应用只是雾里看花,纯属概念化的东西,大数据离我们还远吧?当然,还有一部分人,他们深刻感受到了大数据对人力资源带来的冲击和颠覆性的影响,如饥似渴地想找到应用的模型、技术和场景。

对于我个人而言,接触到"大数据"的概念也仅仅在2015年。那个时候,还只是停留在概念上,具体什么是大数据、大数据对人力资源会有什么影响,我没有过多的思考和进一步的理解。真正开始去研读大数据的思想源于人才学奠基人王通讯老师。记得是在2016年1月北京城市学院第一届MPA的"拜师礼"上,我们作为研究生指导老师,为每一位MPA的同学准备了一份"厚礼"——徐子沛著的《大数据》。在这里,我必须要提这次"拜师礼",因为这次活动,让我捕捉到了一次千载难逢的机会,就是在我还对大数据停留在概念层次上的时候,"拜师礼"之余我和通讯老师又进行了一次深度交流(我盛情邀请了通讯老师作为我们第一届MPA的校外学术导师）。虽然，我和通讯老师之前经常会在他家楼下的咖啡馆交流思想，每次的交流，我都收获颇丰，故与通讯老师一月一度的交流成为我的"精神食粮"。但由于工作的繁忙，有将近半年的时间未能见到通讯老师，这次"拜师礼"的沟通交流，通讯老师又跟我提起了"大数据"。那时那刻，我燃起了对"大数据"的探究欲望，它和我一直"钟爱"的人力资源是个什么关系？大数据技术应该怎样与人力资源亲密接触？再次，我又跟紧了我的"终身导师"——通讯老师去学习研究这个问题。

从兴趣到深入研究，再到萌发撰写一本关于"人力资源+大数据"的书籍，至今已经历时一年半的时间。撰写这本非常前沿的书籍，对我可以说困难重重。虽然我对人力资源管理有一定的研究，但毕竟对大数据的理解，尤其是大数据技术还是似懂非懂，我尽可能大量阅读，并深入企业调研访谈，和HR或HRD深度交流，了解人力资源与大数据结合的前沿实践。但这些还不够，"人力资源+大数据"是一个交叉学科，当然需要交叉学科的人才，这方面人才目前确实非常稀少，我意识到必须组建一个结构合理的研究团队，所以，邀请了百度人力资源大数据平台的负责人王崇良先生给予了很多指导，并亲自参与撰写本书的核心内容。同时还邀请了海归大数据专家黄秋钧先生亲自撰写大数据技术部分。在此书撰写中，我们这个3人团队配合得非常好，我属于"产品经理"的角色，设计整个书的架构，同时侧重从人力资源角度谈大数据；秋钧老弟以"数据架构师"角色阐述大数据技术；对于崇良兄，我更愿意以"拿手术刀的大夫"来形容他的角色，他是理论兼实践完美结合的行业专家。

其实，对于本书的结构和内容，我们经过了多次的设计和修改。目前，国内市场上无论是本土还是翻译过来的相关书籍，基本是从理念，或者从纯技术角度，抑或从案例角度进行宏观描述，把大数据和人力资源结合在一起的鲜有出现。我们期待通过本书能够从人力资源从业者、公司CEO及高管、大数据从业者及爱好者的可能需求出发，使他们能够从人力资源和大数据结合的理论及实践中获得启示，并能够用到实际工作中。所以，我们先从人力资源管理的战略转型谈起，使大家进一步理解和把握人力资源发展的趋势，进而探讨人力资源大数据分析的概念、技术及应用场景，并以人力资源大数据应用案例给大家以思想上的洗礼、技术上操作的方法及大数据应用的实践。

大数据是新鲜名词，尽管其关注度及实践应用好似在行业内"四处开花"，但其理论研究及实践应用尚处在初级阶段，加上本人的研究水平尚浅，故本书的内容需要进一步完善，尤其最后一章本来要谈谈AI在人力资源的应用"洞察"，但是由于研究的深度不够及实践领域的局限，尚不敢提出有深意的"洞察"，只能借此谈几点看法。期待随着大数据技术的发展，大数据在人力资源领域有更加广袤和深度的应用。

最后，还要感谢在本书的撰写过程中得到的各方理论及实践专家的支持和帮助。在人力资源大数据研究过程中，遇到过种种困难，曾经一度想放弃，但通讯老师一直在鼓励，并给予我指导；中国人事科学研究院的周建华处长时时对我鼓劲加油！非常感动的是崇良兄和秋钧老弟在繁忙的工作中对本书的倾情付出，每每深夜和凌晨我们在微信上的沟通交流，更是让我看到大家对这本书寄予的深厚感情，我必须砥砺前行！

特别感谢中国人民大学劳动人事学院院长杨伟国教授、北京双高国际人力资本集团总裁蒋北麒先生、"人力资源第一股"科锐国际董事长高勇先生、北京外企人力资源服务有限公司党委书记温沁山先生、猎聘网首席数据官单艺先生、前谷歌中国第一任HR张莉女士（现为合众人寿HRVP）、国内知名的人力资源信息化专家左葆瑜先生、才源国际总经理卢金海先生等，给予本书撰写提供的指导和支持！同时感谢马海刚、彭剑锋、西楠撰写的《HR+三支柱——人力资源管理转型升级与实践创新》，戴维·尤里奇著，李祖滨、孙晓平译的《人力资源转型——为组织创造价值和达成成果》等为代表的涉及人力资源行业发展前沿的相关书籍，以及相关媒体提供的资料，使我们得以更加全面了解和把握人力资源大数据的理论和实践情况。感谢北京城市学院14人资本范宇同学对"HR数据观"公众号的运营和维护，使我得以及时高效地把大数据及人力资源发展前沿的信息保存并传递给大家。感谢15人资本的祁雯同学，以其专业和认真的态度对书中部分配图进行设计和修改。

最后，感谢我们研究团队的家人，我们每个人都是在繁忙的工作之余，甚至熬夜至凌晨进行研究和撰写，没有家人的支持和理解，恐怕也无法高效完成书稿。

我同样用"东风弄巧补残山，一夜吹添玉数竿"的诗句来表达现在的心情，并以此鼓励自己，在诸多理论及实践专家倾力指导的关爱下，在"钟爱"的人力资源研究中能够春风劲吹，不时增添翠笋新绿。

王爱敏

北京

2017.7